U0750174

书山有路勤为径，优质资源伴你行
注册世纪波学院会员，享精品图书增值服务

剖析社群读书会的运营术＋引导术

如何共读一本书

高效引导社群学习

林扬程 著

电子工业出版社

Publishing House of Electronics Industry

北京·BEIJING

图书在版编目（CIP）数据

如何共读一本书：高效引导社群学习 / 林扬程著 . —北京：电子工业出版社，2020.10

ISBN 978-7-121-39518-5

Ⅰ . ①如… Ⅱ . ①林… Ⅲ . ①读书活动—中国 Ⅳ . ① G252.17

中国版本图书馆 CIP 数据核字 (2020) 第 169293 号

责任编辑：杨洪军

印　　刷：北京虎彩文化传播有限公司

装　　订：北京虎彩文化传播有限公司

出版发行：电子工业出版社

　　　　　北京市海淀区万寿路173信箱　　邮编100036

开　　本：880×1230　1/32　印张：6　字数：116千字

版　　次：2020年10月第1版

印　　次：2024年5月第10次印刷

定　　价：49.00元

凡所购买电子工业出版社图书有缺损问题，请向购买书店调换。若书店售缺，请与本社发行部联系，联系及邮购电话：(010) 88254888，88258888。

质量投诉请发邮件至zlts@phei.com.cn，盗版侵权举报请发邮件至dbqq@phei.com.cn。

本书咨询联系方式：(010) 88254199，sjb@phei.com.cn。

01　读书会2.0

一个人读书是学习，一群人读书是创造。

读书会表现的是一群人读书。

同样是读书会，为什么此时的读书会会成为互联网时代的学习新趋势呢？

因为读书会已经不再是我们过往所认为的一群人读书的画面，而是隐含了新一代学习趋势的共创技法，被称为"读书会2.0"。

读书会2.0，亦称社群读书会，它萃取书的知识，且更聚焦于人，把知识与多元化的经验相连接，产生"群众智慧"的学习综合效果。

为了理解读书会形态的转变，我们需要理解传统读书会与社群读书会之间的区别。

传统读书会以聚焦与求知为主要效益，即今天一群人因为一本书聚集在一起，并且探讨书中的知识在生活中的应用，强调的是这本书的内容，以及学习后如何应用。

相较于传统读书会，社群读书会则以人为核心，以书为载体，通过议题引导，让参加读书会的人不仅获得书中的知识点，而且每个人在分享书中知识后，结合个人观点、经验与自身擅长领域进行思考。社群读书会获得的是一群人的智慧，从而让知识的实践与客观性更趋于真实世界的真理。

02 知识汇集

从个人学习与群体学习的角度来看，群体学习的效果基于个人学习的经验、智慧和观点的多元化，汇集成社群学习的基础。

也就是通过社群学习每个人都具备了我们未曾获得的知识点，而这些知识点是储存在每个人的大脑里，通过社群学习来相互提取的。

所以社群读书会以此为基础，让我们在学习的过程中，除了读书，更要读人。相较于传统读书会的求知，社群读书会让我们看到更多自己未曾理解的想象世界。

为了达成社群读书会的效益，引导者就要让每位参与者进行议题分享。在分享过程中，引导者会引导经验故事，揭示观点背后的深层逻辑。

每个独特观点背后，都会有个人思考的脉络。这些思考脉络，会因为其在不同的行业领域所经历的事情与积累的知识而产生不同的思维方法，最终实现读书也读人的实际价值。

然而，仅从分享到理解每个人的观点，还无法创造学习的实践性。这就牵涉到人类学习的终极问题——学习如何从知道到做到。

这是社群学习的另一个核心，不只要你知道，更要你做到。在社群读书会中，我们需要思考并解决怎么运用所学的问题。

社群读书会不限于书中知识的实践运用，还包括参与者一起分享个人观点后所产生的更具体的借鉴，它可能是我们未曾想到的做法，以及忽略的问题点。

相较于传统读书会，社群读书会基于群众智慧和实践运用两大核心，建构了新的学习价值。最后的知识不是学习来的，而是创造来的。

03　学习的终点

如果只是以同样的思维方式来思考如何解决问题，那么最终得出的解决方案都会因为个人的思考惯性有所局限。

如何以另一种视角、另一种思维逻辑，来思考怎么解决现有的问题，这是社群学习的核心价值。让学习的终点不再只聚焦于总结书中的知识，而是进一步以"创造"来引导新的观点，并激发实践的动能。

到达学习终点的方法就是坚持不懈地应用本书所提到的RSCN法（Reading，Sharing，Creating，Networking），拆解社群读书会的过程，以系统化、流程化的方式来逐步引导参与者共创知识和智慧。

目录

第 1 章

社群读书会的核心价值和场景

　　如果读书会只是为了读书，那么可以选择在自己家里找个舒服的地方或在办公室、会议室、自己喜欢的咖啡厅、茶馆，来一杯咖啡或一杯茶，好好地读书。这基本上就是读书的常见场景。

　　如果是为了听一本书的内容，那也不应该来读书会，因为你可以登录得到或樊登这样的平台，上面有很多很棒的读书牛人将一本书的精华说给你听，并且配有比较清晰且专业的解析。

　　那么，参加读书会是为了什么呢？通过我过去20多年实际运作读书会的经验，我认为读书会是通过书这一媒介去创造其他价值的。接下来我就和大家聊一聊读书会的核心价值。

01 社群读书会的核心价值

社群读书会的核心价值是共读、分享、共创、网络，即RSCN法（Reading，Sharing，Creating，Networking），如图1-1所示。

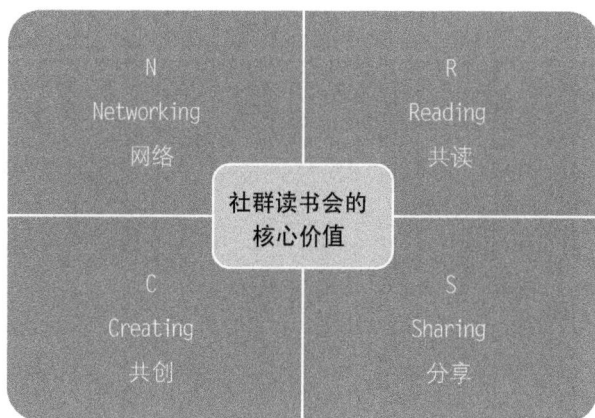

N
Networking
网络

R
Reading
共读

社群读书会的
核心价值

C
Creating
共创

S
Sharing
分享

图 1-1 社群读书会的核心价值

📖 Reading 共读

人生而自由，却无往不在枷锁中。

——卢梭《社会契约论》

跳脱同温层的学习

一个人读书的时候，能够感受到书中知识所带来的新鲜感、冲击感。但是，这些感受，是因为我们看到未曾看到的新观点或新思想。

通常一个人所看图书会偏向某种类别。例如，有人偏好文学类图书，有人偏好商业类图书，有人则偏好健康养生类图书。

换句话说，每个人所读的书往往是因为其曾有过的经历，逐渐形成的某种思考方式，最终产生的自我学习的惯性。哪类图书是你所喜欢的，你就会不自觉地选择该类图书来看。

这就是所谓的同温层效应。一旦产生这一效应，你就无法朝着更广阔的领域发展，用更全面的视角来看清知识的全貌。

共读的功效

一个人读书时，往往很难推动自己去读跨领域的图书。这局限于自身的认知框架。如同卢梭在《社会契约论》的开篇写道："人生而自由，却无往不在枷锁中。"即当我们认为已经知道所有时，又会发现自己身在某种认知的框架限制中。

参与社群读书的过程就是如何让一群人主动接触不同领域，从不同视角来学习。

所有人共读一本书，不是以一本书的形态进行整体阅读，而是以一个篇章来切入，每个人进行阅读后的分享，从多个视角来理解不同的观点。

在共读的过程中，各章节至少由两人组成的小组来共读，并根据图书原意进行解读。

之后通过引导的方式，让每组成员分享各章节的一句话、三个重点、一个应用点。这种系统化的归纳方法，可以帮助参与者更聚焦于图书本身的内容。

在分享的过程中，每个人进一步连接个人经验、擅长领域、思考的过程，所有的分享都是个性化的。

视角的概念

通过共读一本书，你可以从不同的视角看到不同的重点，然后结合每个人的经验构建多元化学习方式。因为每个人都有其读书的习惯和学习的方式，所以你会看到不同的视角。

因为我的个性相对乐观，所以有时会不知不觉将个人的一些想法带入读书的过程中，这就不免会出现盲点，即经常热情过了头，自己挖坑给自己跳。

其实，不管是创业还是经营，过往大部分掉入的坑，往往都源于你或你的团队太过乐观。所以在参与社群读书会的过程中，要学会倾听具有逆向思维或负面思考的人的分享。

因为他们会让我看到，原来这件事情不只有正向的一面，还有另外一面，甚至这一面会导致你走向极端。优点发挥过头就变成了缺点。

再举个例子。同样是开除一个人，你会选择什么样的观点来做决策的依据。有的人偏向理性思考，有的人偏向感性思考。这会让我们看到，不同人的视角所关注的点有哪些不同。

共读会让我们看到一个相对客观的存在，它是群众智慧共创的结果，更容易落地实施，具备更为全面、客观的执行准度。我们可以提前思考，在实践的路上会碰到哪些石头，会掉入哪些坑。

因此，社群读书会是通过不同的人，看到不同的想象，迈向不同的路径，最终提高我们的智慧。

📖 Sharing 分享

分享不只是分享图书的内容，更关注人本身。在这个阶段，引导者如何让每个人做出有效的分享，是社群读书会成败的关键。

如何引导有效的分享包括四个阶段（见图1-2）。

理解：通过阅读图书内容，解读书中所要讲述的概念、教授的方法和工具、传达的思想和理念。

感悟：理解书中内容，结合自身经验和知识产生个人观点。

启发：激发我们未曾想到的新观点。

创意：结合书中内容与新观点，延伸创造出新的可能。

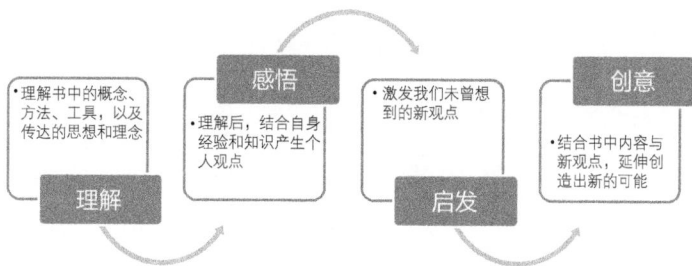

图 1-2　引导分享的四个阶段

📖 Creating 共创

在互联网时代，几乎你能想到的所有问题，都可以通过互联网来找到答案。然而，当获取信息的成本之低，随手一滑就可以知道的时候，学习的重点就不再局限于你知道多少，而在于你能做到多少。

如何应用是学习的一大难关，共创就是来弥补从知道到做到的落差的。

我从事培训行业已经25年了，一直在不断地研究学习转化的问题，即从知道到做到的问题。解决这个问题最有效的方式是在我们获得新知后，马上思考如何将这些新知加以应用。

思考的过程会让你重新回到利用群众智慧来引导，这不仅会大大提高我们做到的可能性，而且会提高学习的转化率。

📖 Networking 网络

不论是组织外还是组织内，社群读书会等同于你的专属军师联盟。

当你面对工作上的挑战时，社群读书会会让组织聚焦于更具实践价值的方法上，会缩短从知道到做到的距离，减少学习到实践之间的阻碍。

你的专属军师联盟，类似于信息爆炸时代的高质量、高稳定性的信息处理器，跳出以往单向传递信息的模式，成为企业知识创新的主要驱动力。

当年我选择创业时，没有主管或老板时刻指导我，自己需要解决所有事情，因此成立了社群读书会，通过群众智慧来帮助我选择前方的道路，明确更加清晰的信念。

社群读书会具有很强的多元性，参与者几乎都是跨领域的，这让我们从原有领域，也就是强连接的知识链，走向弱连接的知识链。

这些弱连接，也就是不同行业的知识和经验，最能够让我们跳出既有的认知框架来思考其他的可能性。

人生难免会遇到很多的挑战与问题，你需要一群军师来跟你一起面对。

02　社群读书会的五大价值场景

学习需求的源头来自问题及对更好未来的向往，继而让你产生学习动力。社群读书会可以很好地满足你的学习需求，具体可应用于五大价值场景（见图1-3）。

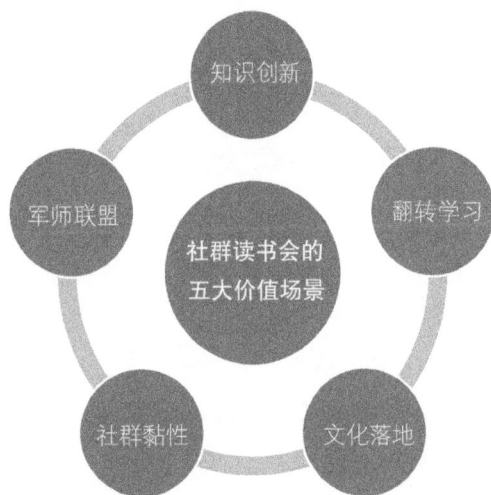

图 1-3　社群读书会的五大价值场景

📖 知识创新

发动企业创新的马达——百度

每位员工都有所谓的隐性知识与显性知识，这些知识都是企业的资产。平日的非正式交流或正式教学，可以激发他们在已有知识总量上设计出各种类型的解决方案。然而这些解决方案是效能型的，而非创新型的。

一个人拥有再多知识，如果没有经过与他人知识的碰撞，只是记忆单一的知识点，那么知识创新的可能性也会大大降低。

真正驱动企业的创新，是以另一种视角、新的观点来切入，或者以更高的格局来解决现有或未来的议题的。企业的知识管理需要进一步加强，要唤醒隐性知识，并助力企业的精英为团队赋能。一旦有了知识创新，自然也就驱动了企业的创新。

创新的根本还在于企业有支持和培育创新的土壤，这样的创新土壤酝酿得十分不易，它需要企业内部孵化出创新的氛围，并且从组织设计、领导层等方面给予支持，构建出学习型组织。

众所周知，百度搜索引擎是著名的搜索网站，他们正不遗余力地在企业内部推动社群读书会。我有幸成为百度社群读书会的引导师。

为什么这样的龙头企业仍然在推行社群读书会，推动学习文化？那是因为在当下不断加剧的技术市场竞争环境下，不进则退，不快速竞争也会面临淘汰，环境逼迫企业不断成长。因此，他们通过知识的不断创新（见图1-4），来培育企业内部更加强效的动力，从而带领企业持续增长。

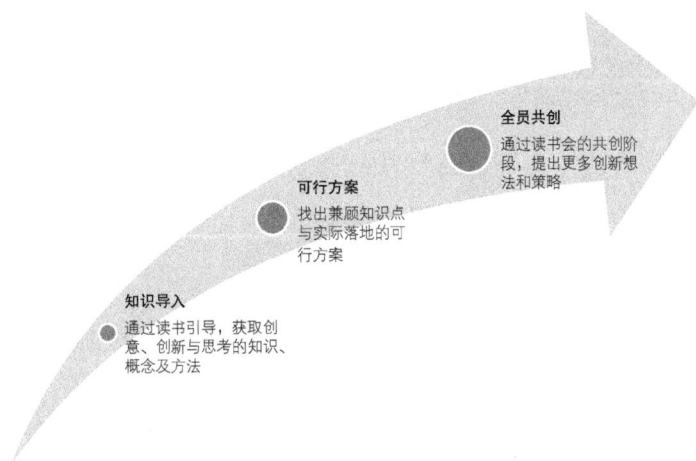

全员共创
通过读书会的共创阶段，提出更多创新想法和策略

可行方案
找出兼顾知识点与实际落地的可行方案

知识导入
通过读书引导，获取创意、创新与思考的知识、概念及方法

图 1-4　百度知识创新

建立企业创新的学习网络

社群读书会提供了一套在企业内知识交流、知识创新、业务创新的流程。它不仅要把图书中的知识点萃取出来，还要思考如何把这些知识点运用于企业实践，最终提高企业的总体绩效。本书所提供的社群读书引导术

就是提高企业绩效的有效工具。

在北京，太平人寿有一个绩效卓越的保险销售团队，他们并不因为绩效优异而停止进步。

团队领导者希望通过读书会来进一步提升每位团队成员的能力，以便为客户提供更好的服务。

他们是如何做的呢？

首先，他们将读书会的模式导入组织，并同步引进社群读书引导术，让所有人可以为客户赋能与增值，同时，团队的核心干部要深刻掌握社群读书引导术的技能，成为读书会的领读人，并向集团内的其他单位和集团外的客户公司不断推广该技能，帮助客户学习和发展。

截至目前，整个团队已经拥有九个每月常态性举办一次以上的读书会，持续为组织内外部客户服务，也累积了如下成果：

- 团队拥有共同的价值观。

- 所有伙伴都能明显感受到个人思维与表达能力的提升。

- 协助客户提升工作、生活及婚姻幸福的能力。

- 许多外部客户或伙伴参与读书会后，认同此团队的氛围与运作，进而加入团队。

- 读书会的持续展开，让外界对此团队有不同看法，以此建立团队的品牌定位与形象。

- 目前读书会领读人皆有成为讲师的机会，因为优秀的表达能力是讲师必备的能力之一。

翻转学习

企业培养人才的最好方式是个性化定制。在企业里，经理级管理者与基层员工所需具备的知识和能力截然不同。即使同一级别的管理者，因工作性质不同，后续发展方向不同，也需要不同的培训方案。如果企业用有限的资源来做培训，就很难做到个性化培养，提升培训的有效性。

通常，大部分企业可以做到的是，针对不同级别的员工开展不同类别的培训项目。因为培训项目不够个性化，所以针对性不强。因此很多员工认为这样的培训项目可有可无，态度不积极，上课效果打折扣，自然不会将所学纳入自己的行动中，实现从知道到做到的转化。培训的目的变成了转正、升职加薪的某个环节，再无其他意义。

社群读书引导术具有个性化和针对性强的特点，既可以满足参与者共同学习的需求，又能够应部门所需、业务所需、个人所需学习特定主题的内容，完成相关的学习设计。

超越传统培训机制——中国电信

我曾经应邀运用社群读书会来协助中国电信定制个性化培训。

中国电信是一家拥有35万名员工的大公司，这些员工分散于中国的大江南北，其培训机制非常健全。然而，恰恰因为培训机制很健全，最终形成一种氛围，即所有人都把学习的主动权交给了公司。

以经理晋升总监为例。公司规定需要完成20门基本课程的学习，只要按部就班地执行，你就会得到晋升。

这样的方式让员工产生了依赖性和不当理解：只要能够完成这20门基本课程，我就可以晋升为总监，并具备总监的能力。而且对这样的个人发展计划，公司HR会帮我做好，不用我再操心。

然而事实是，中国地域广阔，可以划分出很多不同规模的区域，如华南、华中、华北，以及一线城市、二线城市、三线城市等，每个区域所面临的实际问题都不一样，就需要为员工匹配不同的知识、能力，并根据环境变化进行不断更新。

中国电信经过多方考虑，最终引入了社群读书引导术，以满足因地、因时、因人的学习（见图1-5）。

图 1-5　中国电信翻转学习

满足三层需求的学习设计

通过社群读书会来解决企业内部个性化学习的困境，就必须采用翻转式的学习设计，并细化到以下三个层次：

（1）地域需求。考虑地域、文化、知识等要素，并与地方人才发展需求相结合。

（2）梯队需求。通过分析组织未来发展来做需求配置，如果未来业务增长两倍，那么需要多少技术人员、多少中层干部。

（3）个人需求。根据个人已有的知识储备，配备不同起点的学习设计。个人还可从解决问题或完成任务的角度匹配学习设计。

文化落地

强促企业价值观的形成

过去企业总想快速地建立企业文化。企业文化是企业的核心价值，更多是意识形态的内容，所以它不像我们今天要提升的创新能力或沟通能力，能够具体细化到执行层面，有明确的实施流程与架构。

它可能是热情、正直、勇于担责等价值观，跟个人内在的信念有关。所以我们要思考，通过怎么样的形式，可以让大家达成某些价值观的认同。

社群读书会可以帮助企业建立文化，并发生效用。我曾经受邀通过企业读书会的方式推动友达光电的企业文化建设。

推动"当责"企业文化——友达光电

友达光电是一个在全球拥有4.2万名员工的企业。友达光电的需求是，除现场作业员外，剩余1.3万名员工能够共读一本书，来共同理解"当责"这一问题，并以此酝酿"当责"的企业文化。

在我们根据"当责"的主题挑选出合适的图书后，友达光电启动了共读流程（见图1-6）。

领读培训
议题筛选

凝聚智慧
讨论聚焦

图 1-6　友达光电的共读流程

（1）领读培训。由我带领担任读书会组长与领读人的高阶主管学习和应用社群读书引导术，之后由他们来交付为期两个月的读书会成果。

（2）议题筛选。高阶主管读书会提出需要讨论的八个问题，这些问题都是在不同工作场景下最常发生的，期待有更好的方法去解决。

（3）凝聚智慧。高阶主管到台湾各地进行读书会讨论。通过群众读书会的讨论，逐步收集每位同人对于这八个问题的见解与解决方案，再回到台湾新竹总部，进行世界咖啡会谈。

（4）讨论聚焦。通过世界咖啡，最终形成会谈意见，产生公司当责的白皮书，也就是公司当责行为的规范。最后发布该白皮书来协助公司的所有员工，塑造他们公司的当责文化。

企业文化的建立，通过社群读书会的形式，以书为载体，让参与者围绕议题和想要收获的成果，进行分享与交流。让每个人意识到，企业文化不仅是一种规定，而且是大家共同参与创造的结果，是对文化价值观的认同。

📖 社群黏性

近几年，O2O已成为新的流量入口，人们习惯性地通过电商来寻找自己需要的商品。但随着电商数量呈几何级数增长，人们又开始无法通过电商与搜索引擎找到真正适合自己的商品了。试想，当你打开购物网站，大量同质商品展现在你眼前时，你不得不花大量时间交叉比对，最终艰难地做出购买决策。

通常人们更愿意相信自己的亲友等值得信赖的人的体验和推荐，也较容易信任自己所熟知的媒体、渠道的推荐，来帮助自己做出购买决策。我们认为朋友已经帮我们过滤掉不好的信息，而将自己感觉最好的商品推荐给我们。

换言之，更多人会倾向在自己的群里收集信息并做出购买决策，如读书群、跑步群、美食群等。这些因成员的相同嗜好与兴趣所聚集的群，会使成员的购买意愿更高。

于是主题社群成为目标族群的聚集地，所有人的需求都因为群内人的推荐而得以满足，该社群俨然成为交易发生的入口。群内推荐群外买，线上推荐线下买，这种社群就是典型的O2O社群。社群读书会也可基于此。

四步成功建立社群

建立社群的第一步就是有足够多的粉丝，即足够的成员数量。只有这样，才能创造出强大的变现能力。也可以说，成员数量及社群凝聚力的大小都会影响社群变现的能力。然而，当大多数社群想要走向变现运营的时候，都会遇到"信任"这只拦路虎。如果社群成员缺乏相互信任，那么一切都是空谈。

四个步骤可以让你成功建立并运营社群（见图1-7）。

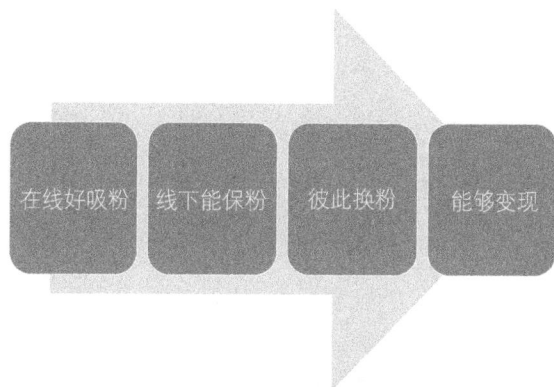

在线好吸粉　线下能保粉　彼此换粉　能够变现

图 1-7　建立并运营社群的四个步骤

第一步：在线好吸粉。Facebook、LinkedIn、微信都可以帮我们快速组建社群，这些社群就是我们的社交场所和学习场所。

如果你已经是一位职业讲师或意见领袖，就可以通过分享你的课程或服务来吸粉。在授课和提供服务期间，可以把你的社群二维码植入PPT，对你感兴趣的人自然会扫码入群，与群内的其他人产生连接点。

第二步：线下能保粉。如果有线上群，就要思考如何让他们持续地关注你。最有效的方式是，线上线下活动相结合，让他们跟你直接建立关系并产生感情。即便不能见面，也可以通过发送活动照片，让他们感受到他们在参加活动，因此期待有机会与你一起参加活动。

第三步：彼此换粉。你拥有社群后，就可以通过与不同社群的群主交流，彼此换粉。这种做法在于，让每个人看到自己不同层次的需求。例如，你会去高档餐厅吃饭，也会有在路边摊吃饭的需求。每个人不同层次的需求，必须由不同的社群来激发和满足。

如果你是群主，就要为这个社群服务，并思考怎样去经营你的粉丝，维护你的客户。O2O社群的运作，就是人们基于对你的信任，基于线上线下活动的连接，产生凝聚力，相信你能够带给他们最好、最真的服务。

第四步：能够变现。只有当你的社群拥有足够的成员数量，且社群成员对你足够信任时，社群才能变现。所以当经营社群时，你就代表一个品牌，你的任何行为都会影响人们对你的观感。只有当人们不再以社群为主，而对社群成员共创的结果产生信任感时，你的个人自我经营社群才走向了社群自主经营，定期的品牌活动才能吸引外人继续加入社群，并且维持社群的势能。

提高社群黏性——知蜜 O2O 社群

知蜜是北京最大的女性社群之一，拥有将近5万名粉丝。知蜜引入社群读书会最主要的原因是，他们希望通过知识创造出更好的连接关系，即提高粉丝的关注度和黏性。

在知蜜的社群读书会设计和实施方案中，更多地设计了线下活动，在各个地区、各个城市，知蜜会员都在主动发起各种主题的读书会。这印证了O2O社群运营之道，并形成了可供学习和推广的四步诀：在线吸粉快、线下能保粉、大了能留粉、再大能变现。

📖 军师联盟

打造专属你的军师联盟

我认为每个人都该拥有一个读书会，不论是关于工作的，还是关于生活的，你所属的社群读书会就是你的专属军师联盟。

在学习领域，有一个702010法则，即组织内部的学习，10%来源于公司所提供的培训课程，20%来源于公司主管、教练等他人给予的指导，70%来源于与他人的交流互动，即社会化学习（见图1-8）。

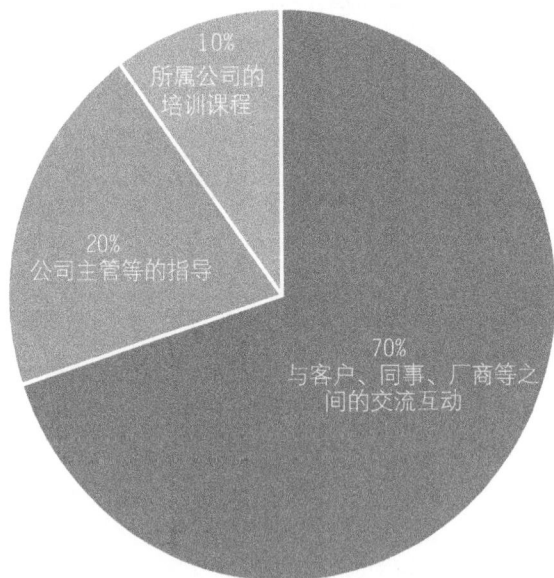

图 1-8 702010 学习法则

我所提出的书粉联盟，就是让每个人都拥有自己的社群读书会，让每个人都建立一个属于自己的军师联盟，为每个人提供跨界学习的平台，在群众智慧的启迪和帮助下让每个人勇于面对工作和生活上的更多挑战，学会从不同视角看待事情，并找出解决方案。

相伴一起创业——3S 社群读书会

在创业期间，我曾召集了一群跟创业有关的伙伴，一起成立了3S社群读书会。这些伙伴有一些是创业圈的朋友，有一些是刚刚创业，还有一些是协助创业。

我们在固定的时间一起读书，读的书都是关于如何创业、如何业务创新的，久而久之，我们就成了彼此的军师同盟。

大家轮流选书。他人选的书，有可能就是我在创业中正面临的主要挑战，例如，如何研究用户，怎么构建商业模式，等等。大家讨论出共同的议题，针对性地发表自己的看法，最终确定可供执行的解决方案和措施。其中不乏别人的经验，这也算一种标杆学习。

本章小结

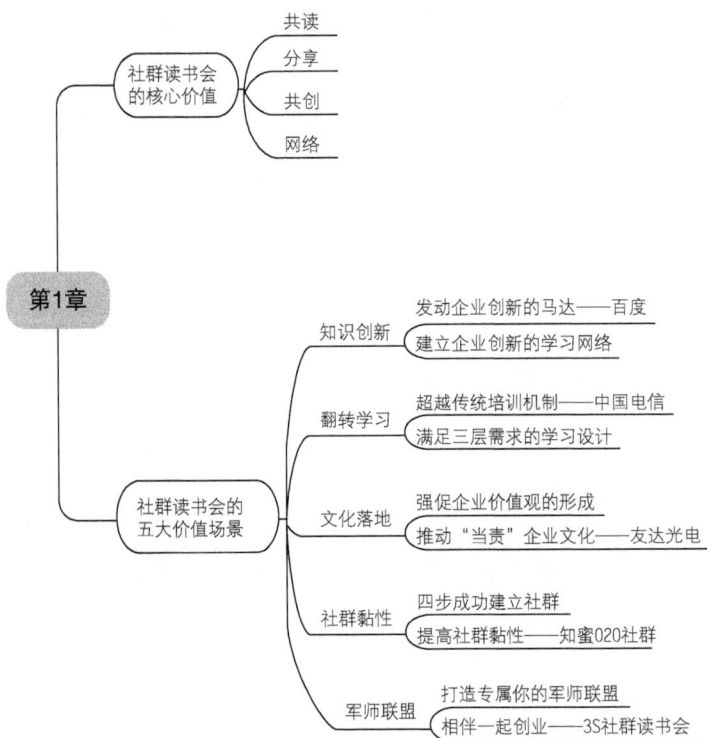

第 2 章

社群读书会的运营

01 解析读书会的四个层次

自从成立书粉联盟后，我就在运营社群读书会，也创办了非常多的社群读书会，并开始教授他人如何组织社群读书会，也深入很多知名企业指导或协助成立社群读书会。

所以，经常有学员问我："Hank[①]，你成立社群读书会是为了赚钱吗？社群读书会怎么盈利呢？"

我现在就可以告诉你："如果想要通过社群读书会来赚钱，你就别折腾了。"

因为在我过去25年的经验中，不管是参与或举办社群读书会，还是从对其他读书会的观察来看，对于个人来说，想要通过线下读书会取得可观收入、成立公司或创建商业盈利模式都不太可能，但是社群读书会可以成为某种营销或商业运作的手段。

总体来说，社群读书会可以提供四个层次的发展（见图2-1）。

---

① 本书作者林杨程的英文名。

自娱娱人	• 一群人因为共同的嗜好，聚在一起学习成长
自我成长	• 在个人发展上，更系统性地解读图书，并持续追踪成长成果
自品牌	• 积累个人品牌信任度，让人们知道你、找到你的品牌
自媒体	• 连接合作方，在读书会中酝酿商业价值

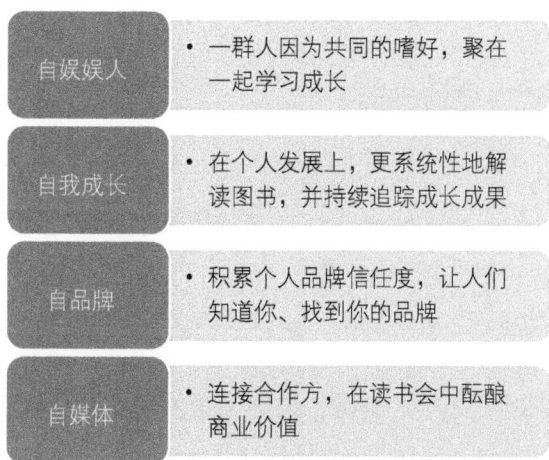

图 2-1 社群读书会的四个层次

第一层次：自娱娱人

自娱娱人就是提高社交层次。希望找一些好友、同好、同事进行社交活动，最好同时兼具学习效能。

自娱娱人读书会的特点在于人与人之间的强连接。我们很容易在特定的关系网络中串联起各种聚会，如同学会、校友会等，但这种连接偏向短期，很难创造强连接。以书为载体，不仅可以创造一个交流的理由，而且可以额外获得书中的知识，这不仅是聚会，更是一种知识上的交流。

自娱娱人读书会适用群体为销售人员和创业者。

销售人员的读书会

为何销售人员需要组建读书会？因为销售的本质在于人与人之间的连接，是人际网络中的节点，所以以书参与的议题，以主题图书为导向，自然连接到你的业务，你就可以提供相关产品或引导客户。

但过于以销售业绩为导向的读书会，迟早会走向为了销售而销售，并出现挂羊头卖狗肉的局面，让你的个人品牌形象大打折扣，丧失他人对你的信任。

所以，销售人员组建社群读书会的关键在于建立人际网络，让参与者能够感到实际产出有价值。唯有亲身体验社群读书会，才能真正感觉到有收获，关系才能得以持久维护，才能不断提升你的读书会品牌，从而让你获得更多商机。

创业者的读书会

身为创业者，最重要的事情是活下去，以及持续成长。所以社群读书会可以邀请产业链的上下游一起来，定期举办，以此帮助你找出两类人。

第一，与你有相同爱好的人。读书本身就是圈层的过程，用图书将与你有相同爱好的人圈在一起。如果你举办社群读书会的次数多了，你就会知道哪些人也喜欢读书，从中凝结更强大的合作情感。

第二，潜在合作者。如果定期举办读书会，你就有机会邀请外部的合作者来参加，并产生关系的连接。读书会也是创业者个人品牌形象的一部分。

自娱娱人读书会主要的价值点在于，不断积累你的品牌形象。因为当你持续做一件事时，人们就会认为你是在认真地做一件事。

想要创业的人也可以思考。假如你持续举办读书会一段时间后，发现读书会还能持续发展且壮大，那么你基本是拥有创业能力的。反之，如果读书会都做不好，创立并运营一家企业就很困难。

书粉联盟中有一个金鱼读书会，它是由某地区的中小企业主成立的读书会。这些中小企业主以前都会定期聚集到一起品尝红酒，直到2018年，他们将这种聚会做了调整，加入了学习的功能。除了品酒，大家还一起阅读图书。

📖 第二层次：自我成长

读书会的第二层次是以自我成长为目的的。

很多人认为，读书会只是一种学习方式，或许是因为一个人读书没有办法坚持，所以找一群人一起读书，企图在读书的同时能与朋友、同好进行一些交流，交换对某本书的理解、感悟、启发、创想与心得。这就是我们常说的："一个人走得比较快，但一群人走得比较远、比较久。"

自我成长这个层次可以对应读书会的第二个发展阶段。在此阶段，读书会的组织者要做一些心理建设。因为读书会的初期就像蜜月期，你的朋友、同事、家人得知你创办读书会后，他们会很热情地参与进来。

但是经过一段时间后，人们常会因为种种原因，逐渐减少参与的次数。在读书会创办3~6个月后，参与读书会的人数会突然有大幅度的降低。

这时你必须有积极正向的心态：自己要多读书，即使没有人陪自己读书和学习，这两小时也必须是我个人读书的时间。

我们曾经有过读书会只来了一到两位伙伴的经历，但是这样也能读出滋味，因为人数少，所以学习、交流或阅读的深度更深。

那么，如何判断读书会的层次是自我成长还是自娱娱人呢？答案是通过持续时间来判断。

例如，在书粉联盟里有些读书会创办半年就关闭了，但是有些读书会即便中间暂停了一两个月，之后又会持续举办，这时读书会就已经不是自娱娱人了，而是一群人拥有共同学习的需求，以自我成长为目的。

自我成长读书会通常由两大类型的人组成：一类是人力资源从业者，另一类是理财需求者。因为这两类人在生活或工作上，都需要不断了解更新、更有效的知识以支持行为改变。

人力资源从业者的读书会

人力资源从业者是企业内部最爱学习和最具强烈学习动机的人，因为对人才的判断，需要根据外界环境的不断变化，来考察人的竞争力是否跟得上时代的发展。

所以，人力资源从业者要学习和掌握人力资源有哪些未来发展趋势，国内外人力资源在理论和实践上还存在哪些差距……

因此，人力资源从业者的读书会从全面性和实践性两个方面入手，需要考虑两个核心脉络。

核心脉络一：学习和理解国际企业的人才发展趋势。除了应用传统的人力资源体系，在当前互联网迅猛发展的社会背景下孕育出的新的人力资源体系，需要参考国际企业的实践经验（可以参考已经翻译出版的简体字中文版图书）。基于此举办的人力资源从业者的读书会对于了解人力资源最新发展趋势，并指导人力资源从业者高效率地工作都具有非常重要的意义。

核心脉络二：学习者的持续升级。有时我们只关注我们自身所在的专业领域，但随着互联网不断影响人们的行为方式，除了要理解人力资源的基本知识，还要知道哪些平台能够协助我们找到人才，以及如何通过社群运营来协同和发展团队等。通过读书会，参与者可以了解彼此以什么样的方式运作人才，相互借鉴，知识和技能自我沉淀，形成群众共创的美第奇效应。

理财需求者的读书会

这种类型读书会的主要目的在于帮助他人理解和运用相关信息，也就是通过读书会，参与者可以持续掌握最新的理财信息，彼此交流财务状况，并进一步制订自己的理财计划。

对于理财从业者来说，读书会是为了聚集需要你提供服务的客户，所以读书会的设计也有三个方向。

第一，分析各家理财产品。通过分析各家产品来提供投资建议并增强风险意识，让参加读书会的人，能够获得更好的理财规划服务。另外，可以连接到国际市场，分析以什么样的投资策略来发展全球化投资。

第二，解析理财专业知识。从股票、基金、国债等基本的金融产品开始，结合国际市场的冲突进行专业知识解析，分析投资的长期性与短期性策略对理财会有什么影响。

第三，教授理财商品知识。前两个方向可以让参与者在理解理财认知缺口，并针对性地了解一些基础理财知识后，学习完整的理财商品知识，从而能够拥有正确且完整的理财知识。然后对他们辅以实际的操作，让他们在每次的读书会操作中，进行验证与复盘。

因为运作这三个方向的读书会都需要建立底层认知，所以要从几本介绍理财思维和经济的图书作为读书会的开始。例如：

相关理财思维的图书：《有钱人想的和你不一样》《投资最重要的事》《穷查理的普通常识》。

揭示人类经济发展底层原理的图书：《经济学原理》《国富论》。

📖 第三层次：自品牌

读书的第三层次是自品牌，它是强化个人定位的一种手段。

目前，书粉联盟的帮主们大部分为这个层次，这些帮主都是某个领域的知识工作者、企业讲师、顾问、教练或创业者等，有一个相对清晰的专业定位。他们通过读书会来提升个人品牌，让个人的定位标签更加深刻。

自品牌读书会适合两类人：一类是讲师，另一类是自由工作者。读书会可以让客户了解你，让你塑造个人品牌形象，进一步让潜在需求者找到你。

讲师的读书会

通常，讲师举办读书会需要长期积累粉丝，这有利于未来开班。所以，读书会的内容定位更要聚焦于讲师的专业品牌上。例如，物理讲师就应该读《三体》《时间简史》《相对论》等图书，因为这代表着你的专业。

参与者也会因为你的专业，解读出外行人看不出来的秘密，以此作为跨界学习的知识交流。

所以，讲师的读书会可以依据专业性和延展性来设计。

专业性的讲师读书会，聚焦于专业图书导读。例如，书粉联盟有一位Monica帮主，她是一位教大家如何成为网红、怎么进行网络营销、如何做直播的品牌讲师，所以她成立的读书会叫新网红读书会。主要带领大家一起学习如何成为一位网红，如何通过直播来成为网红专家。

在选择图书时，一是选择与自己品牌相关的图书来做导读，如通过《打造超级IP》来解读如何打造个人品牌，从社群经营到创建品牌内容，让你学习如何做好你的品牌开发。一是结合外在行为的应用，如通过阅读《姿势决定你是谁》来解析通过特定的动作、行为产生十足的动力，进而让你站在舞台上更有魅力。

小ben帮主是一位中小企业、新创企业的咨询师，其主要业务是辅导企业做经营和营销，因此他成立的读书会叫小企营销读书会。

通过读书会强化个人的标签，让大家更清楚地知道如何参与读书会学习经营和营销。而参与者的反馈也会直接传达给小ben，继而产生相关业务。

延展性的讲师读书会则邀请不同领域的讲师来共同举办。例如，让两位不同领域的讲师联合读一本书，并从各讲师的专业视角进行内容解读。这时读的书就有各种类别，大家都在建立自己的跨界能力。这种转换视角的方法，有助于你吸引到不同类型的人，看到不同的潜在需求。

自由工作者的读书会

自由工作者最大的障碍在于找出需要你的人。在商业环境中，找出这些人的方式有主动和被动两种。

主动方式，除广告外，最有效的就是口碑，尤其是亲朋好友的推荐。有赖于现在移动互联网技术的快速发展，亲朋好友推荐的口碑效应，比以往具有更强大的操作空间。被动方式是指将基本信息发布在朋友圈、公众号、活动行、互动吧，等着别人来参加。

所以，读书会的品牌价值就在于吸引你的客户。人们一旦对你的服务满意，就会推荐给他人，他人就会通过读书会与你建立联系。

自由工作者的读书会可以通过自主学习、军师联盟来提升自品牌。

第一，自主学习上的持续精进。身为自由工作者，你就是自己的负责人，所以要想不断成长，就要保有持续学习的动力。读书会会提醒你定期读书，保持最新的知识，使其成为你与他人沟通时的谈资。

第二，创造属于你的军师联盟。通过读书会的定期聚会，你可以邀请他人不断加入。你也可以邀请他人来做主题分享。因为每个人都是你的学习典范，都有值得你学习的点，所以通过这种方式建立的虚拟团队，就是你的军师联盟。

📖 第四层次：自媒体

在你能够建构自己的品牌后，你的粉丝、朋友、家人清楚地了解你所能提供的价值，并认定这个品牌，这时就可以建立自媒体了。

所谓自媒体，就是通过读书会的形式，让你在由书粉、客户、朋友组成的读书会平台上营销自己的理念和产品。所以自媒体层次的读书会，关键在于积累个人粉丝数量。

如同凯文·凯利所提到的："一千个铁杆粉丝，就可以让你终身衣食无忧，拥有一个自己的获利系统。"

通常，自媒体层次的读书会有网红和作家两种类型，它们分别有着不同的发展思路。

网红读书会

网红的核心价值在于，通过人与人之间的交流，把认同感转化为商业价值。换言之，你提供什么样的产品都能够让客户买单，因为大家认同你的想法与理念，知道你推荐的都是有价值的。

所以网红读书会有两个阶段的操作：第一阶段是创造黏性，第二阶段是专业变现。

第一阶段：创造黏性

每个网红都有所谓的基础客户，也就是基本的粉丝数量。网红组建读书会的用意，就是创造强连接。网红通过分享和阅读图书，或者找其他网红一起解读图书，不仅能够通过书来传递价值，还能够吸引需要解决问题的人，进行跨界换粉。

第二阶段：专业变现

人们之所以会持续关注你，是因为你为他们提供了某种价值。除了知识上的解读，你还让他们有更深层次的认识，或者到更广的领域进行跨界连接。

在图书的分享中，你为参与者提供了其在生活或工作上问题的解决方案而获利。例如，有人因为参加了你的读书会，不仅获得了新的知识，还获得了真实可落地的解决方案。

网红读书会通过线下活动，提升在线不能拓展的黏性。

此外，通过建立社群读书会，你可以把最近要读的书或读书心得放在线上社群里，与粉丝进行互动。这种做法会让你对你的粉丝持续建立一种认知形象。一旦粉丝需要你的服务，就会知道从哪里找到你。

作家读书会

作家要持续规律地创作，来积累忠实读者。在线下建立读书会可以帮你更有效地说书。

作家读书会的目的不只是帮你找出你的定位，更是以书为载体来梳理书中的知识脉络，以提供更多、更好的知识服务，与参与者创造一种强连接的关系网络。

通常，自媒体层次的读书会会持续产出内容，如文字、图片、影片等。

02　成立读书会

2017年3月，我受邀到北京东城区文化委，协助他们培养北京地区的读书会领读人。这个项目叫作东城区100领读人计划。经过6个月培训，我总共培养了133位读书会领读人。

半年后，我们针对133位读书会领读人进行后续追踪，发现其中80%的人在培训结束后都举办过自己的读书会。令人惊讶的是，只有20%的人能够经营读书会超过3个月。事实上，最后的统计结果是，只有16%的读书会最终存活了下来。

这次的结果让我反思：什么原因导致读书会折损率那么高？

经过复盘，我重新拟定了成立读书会的方法，化繁为简，把复杂难懂的流程转换成精简、可快速使用的步骤，期望每个人都能够轻松理解、容易上手。

我认为这是一个应用两种技术的方法，并称其为社群读书价值链（见图2-2）。其中第一种技术叫社群读书运营术，讲述从初心到成立读书会的基础，简单来说，就是盖房子动土、打地基的过程；第二种技术叫社群读书引导术，主要讲述如何共读、分享，如果以建筑来打比方，就是立桩、筑墙、上梁的过程。

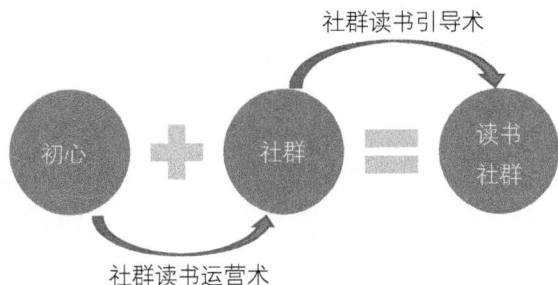

图 2-2　社群读书价值链

接下来将重点介绍社群读书运营术，其包含五个步骤：定位、基准、建团队、营销、呈现（见图2-3）。我们将在第3章专门讲解社群读书引导术。

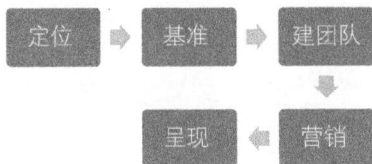

图 2-3　社群读书运营术

📖 定位

我有一个好朋友，名叫张卡，人称"卡卡老师"。

她是一位相当知名的手工编织老师。很难想象，擅长毛线编织的她竟然拥有百万个以上的粉丝。她很希望通过编织以外的活动与粉丝加强联系，于是就想成立读书会。

她问我："Hank，我应该怎么成立读书会？怎么定位？可不可以就为读书会取名为卡卡编织读书会？"

我说："这个名字很直接，但并不合适。为什么呢？因为真正热爱编织的人不多，而编织爱好者里，想读书的人更少。如果你只是从编织的角度去经营读书会，那么找到的同好必定少之又少。"

她听了很着急，问道："那我该怎么办呢？"

我建议她："你可以往另外一个方向思考。你想，编织这件事情是兴趣没错，但也与衣食住行中的衣有关。衣食住行是什么呢？是生活。所以往大了说，编织与生活相关。再说，编织不是想到就编，编好就穿，还讲求美感，所以研究编织，必须有美的概念……结合上面的关键点，我建议你可以把读书会命名为卡卡生活美学读书会。"

这样命名，整个读书会就从最初仅针对编织爱好者，一下子扩展开来，成为针对所有对生活、美学感兴趣的人都想参与的读书会。

随着读书会名字的确定，我们可以想象，在卡卡生活美学读书会中，参与者不仅读编织的书，还读生活方式的书，抑或是生活美学、艺术文化的书和营造幸福生活的书……如此一来，它就吸引了更多潜在参与者。

而在经营读书会的同时，卡卡老师进可攻退可守。她一方面拓展读书会的内容，另一方面回归个人特长，介绍编织相关的图书，让其他原本没有接触过编织的读书会参与者，通过阅读和卡卡老师的经验分享，认识编织，感受编织之美，进而喜欢上编织，最终成为她的铁粉。

从大主题或热点中，找到自己的细分市场，追踪市场导向；或者从自己精准的定位出发，扩大范围，讲求个人引导。这就是定位。

找出定位的方法

通常，找出合适定位的方法有三种（见图2-4）。

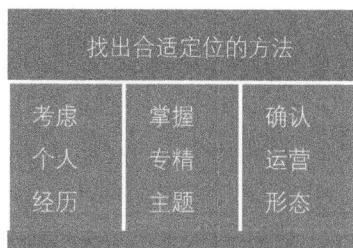

图 2-4　找出合适定位的三种方法

考虑个人经历

在过去的职业生涯中，你有哪些优势，或者独特的经历或经验，这些都可以成为定位的依据。

掌握专精主题

针对一个点的议题，延伸你的读书会价值网络，让对于这个议题及相关领域的想法作为你定位的开端。

确定运营形态

这是从操作层面入手，让参与者看到，你的读书会不只是读书，更是另外一种形态的读书会，可以让参与者体验更多新的学习方法。

创建读书会

读书会创建流程如图2-5所示。

| 找到个人标签 | → | 确认目标对象 | → | 为读书会命名 | → | 设定选书主题 |

图 2-5 读书会创建流程

步骤一：找到个人标签

个人标签就是前面所提到的个人经历或经验。你的个人标签会让人们对其有精准的第一印象，这就是个人即品牌的概念；你的过往积累会成为你读书会发声的重要原动力，让人们在搜索读书会的时候立即联想到你。

步骤二：确认目标对象

有了个人标签后，接着就要思考，吸引什么样的人加入读书会。任何品牌都有喜欢它的受众。在定位阶段，你必须根据标签找出目标对象，从你所擅长的圈子或你所提供的价值出发。例如，小企营销读书会是基于新创行业的读书会；花妈的异想世界是为花艺爱好者提供价值服务。

步骤三：为读书会命名

读书会的名称不只是领读人的个人标签，还要能够与目标对象相结合。以我为例，我的大书社群读书会规定，每月要读完一本"大书"。这类大书平常很少有人去读，但它们的内容充实、知识含量高，所以一月读一本，是每个参与者的目标。

我的另一个读书会叫阿萨布鲁聊书会，顾名思义，这个读书会是以聊天的方式，每月设定不同议题，参与者畅聊不同的阿萨布鲁，尽情发表个人的不同见解，从聊天中找出新的观点。

名称是参与者对读书会的第一印象。要想让大家准确地了解你的读书会，除了你的个人标签，读书会的名称也要与你所表达的初心一致。

步骤四：设定选书主题

每个读书会都有它的选书主题。例如，如果你针对时间管理来选书，就可能会选《与成功有约》《搞定》等与时间管理、个人管理相关的图书。每个读书会是通过不同图书的内容以及社群读书会的力量，创造出更多的群众智慧。

吸引同好参与

定位除了让大家知道你要干什么，还要吸引更多的人与你一起合作，同时丰富他们的生活、知识与智慧。

想要为读书会定位，必须先思考如何从更加广泛的角度，找到细分客户群体，也就是说，要从精准专业的角度向外扩展，包容更多可能来参加的参与者和伙伴。

在个人标签的基础上具体化、扩展化，逐渐吸引参与者加入。这些参与者可能是客户、朋友等。

当定位明确、主题鲜明时，就能选出适合读书会的图书。

📖 基准

什么是基准？读书会成立的过程就像盖房子一样，首先要打好地基。除了定位，还必须设定好读书会的基本要素：人、事、时、地、频率和记忆标签（见图2-6）。

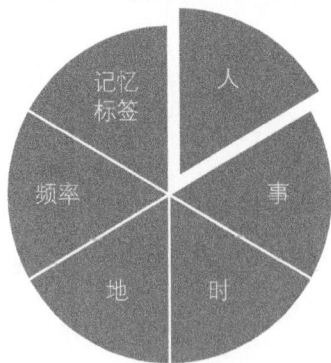

图 2-6　基准

人：成员的组成

一场完整的读书会有两种不同的成员：第一，运营团队；第二，核心成员。

运营团队是读书会运作的主要成员，他们负责读书会的举办、营销等工作。

核心成员则是所谓的铁杆粉丝，也就是参加每场读书会的固定成员。

另外，还要注意哪些人是你的天使粉丝。所谓天使粉丝，就是加强你的读书会定位，提升参与影响力的人。例如，当一场读书会有马云、马化腾等重要人士参加时，人们就会意识到这场读书会的重要性，马上明白该读书会参与者都是什么层次的人。

事：准备事项

一场读书会所要安排的事情主要包括：会前的营销及提醒，会中的具体安排，会后的信息整理与归纳。

因不同读书会有不同的运作形式，领读人可以采取多种操作方法，萃取知识，将个人知识转化为群体智慧，连接到个人实际工作和生活中。

也就是说，一本书不会只有一种形态的学习方式，领读人会根据参与者的需求、状况和认知水平，调整出最适合的方式。

读书会结束后，领读人还要安排活动曝光的信息传达，让没有参与的人也能够了解当天活动的场面、产出的结果，营造出大家共同参与的归属感。

此外，还有许多工作要做，包括物品的准备，如活动中需要准备的纸、笔、海报等，以及相关的一些照相/录像物品，如手机、相机等。

时：时间记忆

我建议领读人或核心成员在安排读书会时间时，要尽量让参与者养成习惯，在固定时间参与读书会。

因为读书会是一个非正式组织，所以对很多人来说，如果没有将参加读书会变成习惯，就很容易放弃。就像运动，如果不养成固定运动的习惯，久而久之，就不了了之了。

所以，固定召开和参与读书会很重要。时间一长，参与者自然而然会记住在某个时间就要来参加读书会。

举例来说，我有两个亲自带的读书会，一个是台北大书读书会，一个是北京大书读书会。因为台北的交通比较便利，所以大部分人愿意在工作日晚上参加活动，因此固定在每个月第一个星期三晚上七点到九点半举行读书会，到目前为止，已经举办了超过30场读书会。因为北京的交通比较拥堵，所以一般人下了班会有很长时间花在路程上，可能没有办法在工作日集中到某个地方去参加活动。因此，北京大书读书会就固定在每个月第二个星期六下午两点到五点举行。

因此，读书会的召开时间必须尽量考虑参与者的生活方式。因为不同地方的人的生活方式不同，所以对于主办者、领读人来说，安排一个适合大家出行、参与的时间，有助于提高参与者参与的动力。

地：地点的选择

与固定召开时间一样，在地点安排上我也建议地点固定，不要变来变去。当然，考虑到交通问题，读书会的地点最好在交通便利的位置，如临近地铁。

很多初次举办读书会的人，总想把读书会安排在一个有氛围的地方。他们觉得在咖啡厅或茶馆开展读书会气氛特别好。但是就个人的经验来说，我非常不建议选择这类场合，因为难保店内没有吵闹的孩童、没有聊天谈是非的顾客，无论在声音或行为上，他们都可能干扰到读书会的进行，导致参与者记住的不是书中的内容或讨论的结果，而是种种不舒服、不愉快。如果有这种不愉快的记忆，下次他们就不会再来读书会了。

所以要找到一个好的地点，并尽可能固定下来。

频：读书会的频率

在举办读书会之前，领读人一定要想好两个问题：

- 你打算一本书读几次。

- 你预备多久举办一次读书会。

关于这两个问题，每个人的答案都不一样，但我个人有三种不同类型读书会频率的推荐（见图2-7），供大家参考。

刚成立的读书会：每月一次，每次一书

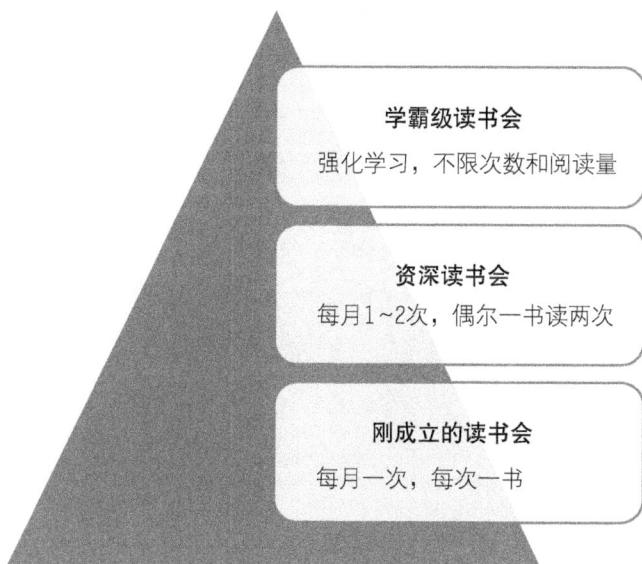

図 2-7　读书会的三种频率

　　如果你的读书会刚成立，参与者也都是初次参加读书会，那么最好安排一个月开一次读书会，每次读书会只读一本书。因为每月一次读书会不会给大家造成压力，而一次读完一本书会令参与者感觉这一趟没白来，很有收获。

　　如果分两三次读完一本书，那么参与者很可能因为工作或家庭关系，偶尔缺席一次。因为缺席，他就会觉得没有把这本书读完，就会感觉气馁、挫折，也许下次就不来了。

根据我的经验，刚开始成立读书会时，基于让大家有好的学习体验，建议每月读一本书，这样参与者会有明显的成就感，自然而然会期待下次的读书会。

资深读书会：每月1~2次，偶尔一书读两次

所谓资深读书会，是已经积累相当经验的读书会，你的成员已经与你一起共读过一段时间，彼此有了互信基础，也都很熟悉和理解读书会的流程。

在这种状况下，偶尔尝试将一本书分成两次读，可以加强讨论的深度。参与者通过两次阅读的过程，更容易获取书中的内容并加以应用。

学霸级读书会：强化学习，不限次数和阅读量

通常，参加学霸级读书会的都是一些超级爱读书、爱学习的人，这些参与者在意的是彼此的互动、表达，甚至期待在读书会的过程中激发新知。

面对这样积极的参与者，我们不要刻意限定每次读一本书，或者一次读三本书或三次读一本书，而要应参与者的需求，调整最适合大家的阅读频率。

以频率而言，无论哪种类型的读书会，都尽量一个月不举办两次以上为宜，两次读书会的举办时间最好不要相隔一个月以上。如果超过一个月，就很难形成良性循环。如果间隔时间过长，参与者就很容易忘记参加读书会这件事，因此一个月1~2次读书会是最恰当的。

频率过高也不好。如果间隔时间低于两周，就容易造成参与者的负担。如果你参加过每周都举行的读书会，就会知道在这么紧密的节奏下，很难坚持三个月以上，最后反而因为参与者太累而放弃。

记忆标签

记忆标签是指在参与者的脑海中烙下一个清楚、简单的读书会的印象。参与者一旦想到你的读书会，马上就会联想到，每月第几个星期、星期几及什么时间段举办读书会。

此外，固定地点的作用也会帮助参与者加深记忆标签。当读书会都固定在同一地点举办时，无形中也加强了参与者的记忆认知。参与者只要想到读书会，就知道要去哪里参加。

📖 建团队

读书会不可能仅由一人经营。在正式运作之前，你需要建立一个运营团队，也就是你的读书会组织。

以下针对建立读书会的运营团队进行详细介绍。建团队流程如图2-8所示。

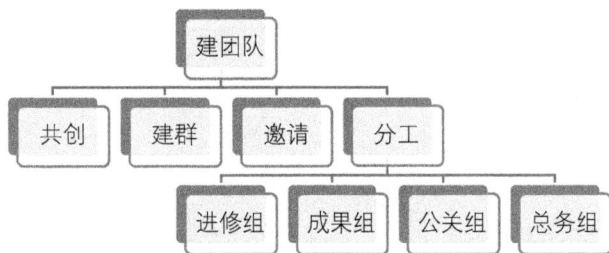

图 2-8　建团队流程

步骤一：共创

当只有一人时，你可以邀请两三个对于某议题有共同兴趣或拥有共同标签的伙伴加入进来，作为读书会发展的基础。

步骤二：建群

随着互联网的发展，线上组建社群变得非常容易。这不仅容易发布读书会的信息，还可以共享其他信息。

步骤三：邀请

如果开始时只有两三个核心成员来组织读书会，那么只要每个人对外邀请最亲近的两三个朋友来参加读书会，最初的读书会社群就能达到6~9人。

步骤四：分工

进修组

主要负责寻找相关议题的图书，习惯拆解书中的知识，学习将认知点萃取出来，以协助持续精进读书会的内容。

成果组

负责将每次读书会成果发布到社群里。此举能够创造两种收益：

第一，成就感。让每个人看到自己的付出与学习过程，将成果转化为认同。

第二，记忆点。可以在不同的时间点（一季度、一年）上，回顾过去一同参与读书会的情况，建立人与人之间的情感连接，强化对社群读书会的共鸣。

公关组

通过会前营销，与读书会活动的提醒，确保每次参与读书会的人数，同时，单独在社群内进行一对一沟通，让参与者感觉到你在乎他们、尊重他们，更是打造每一次的品牌印象。

总务组

主要负责准备读书会上所要用到的东西，如文具、参与者名单，以及财务总结等，这些是读书会运营的基础。

📖 营销

读书会前期最需要的就是吸引参与者加入。作为领读人，你必须知道怎么通过社群邀约技术，吸引大家来参加读书会。这需要具备两方面的思维，如图2-9所示。

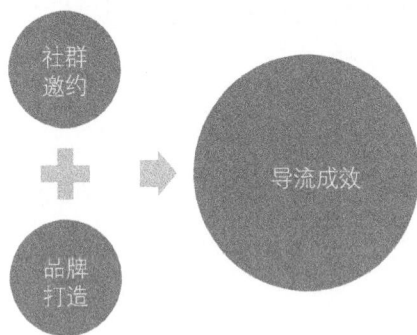

图 2-9　读书会营销思维

社群邀约的 20/40/40 法则

就我经营读书会的经验，一般来说，20%的书粉会主动参与读书会。如果团队太晚发布读书会的信息，他们还会主动提醒你。

另外40%的参与者，得到邀请才会来参加读书会。这群人其实是读书会营销与邀请的重点人物，他们都会主动学习，但往往因为工作忙碌或惰性使然，所以没有接到邀请是不会来参加读书会的。在营销时，我会特别标记这些书友，在每次读书会活动前两周或10天，至少发1~2次邀请信息给他们。这些人受邀后，除非临时有事，否则绝大部分都会来参加读书会，出席率也比较高。可以说，他们是读书会的中坚分子。

最后40%的参与者又可以分为两类：一类人无论有没有接到邀请，都不太可能改变自己的意志。他们会因为心情好来参加，也会因为心情不好不来参加，不会因为是否接到邀请信息或一对一的邀请而改变初衷。另一类人肯定是不会来参加读书会的。

因为读书会并非一个正式组织，也无法得到短期回报，所以有大量的流动性或很低的参与率也是正常的。

通过有技巧的运营，运营团队可降低流动率、提高参与度。

品牌打造

读书会的品牌打造有四个方面（见图2-10）。

图 2-10　品牌打造的四个方面

提高参与价值

即让参与者感觉有收获。这种收获感通过彼此共读、互相分享、共同创造和网络互动，可以得到有效提升。

提高邀约强度

即社群邀约的20/40/40法则，领读人和运营团队必须使出浑身解数，在对的时间邀请对的人。

选对书

即选出参与者真正需要的书。

树立良好心态

领读人和运营团队都不要有太强烈的得失心，避免因为失落感、失败感而打退堂鼓。根据我的经验，通常一个读书会在成立六个月到一年之间，会突然出现某个时间段参与者大减的状况。这个过渡期很难熬，但领读人和核心团队成员都必须坚持下去，因为坚持会提升品牌与加强积累，你必须为了你的初心和情怀坚持到底。

我会建议学习人数较少的社群采用不同的读书引导形式，以面对参与者锐减的低潮期。在我的经验中，反而经常是在人少的时候能有充分时间讨论与共创，互动效率更高，学习成果也更加丰厚。所以我会更加珍惜参与者少的机会，提高参与者对学习这件事的深入度。

作为社群读书会的领读人，不要太介意参与人数的多少，而要趁着参与人数少时，努力提升活动品质和内容质量。

我培养过许多读书会领读人，成功者有之，失败者也不少。我后来发现，领读人之所以无法坚持下去，不是因为他们不想再学习，不想花心思在社群上，而是他们被社群的人数打败了。领读人一旦用参与者多少来评判自己的成败，就很容易因为不如预期而产生挫败感，或者觉得回报太少，不值得。

对于已经萌生退意的领读人来说，务必思考两个问题：

你的社群运营技巧是不是都做到位了？

如果今天没有人来参加读书会，何不把这个时机转变成个人沉淀和学习的时间？

运营读书会就像经营品牌，能够持续生存下去的品牌，最后都活出了自己的价值。

呈现

活动，是办给没有来的人看的。

读书会最后的关键步骤就是把讨论的过程、内容整理之后，通过社群渠道、网站或影音平台等对外公布出来。它所带来的影响是让书粉感受到参加读书会的意义和回报。

怎样能够让大家觉得参加读书会是一件值得的事情呢？在我看来，不只是把重心放在让每个人都去读一本书上，而是读完书后每个人都能做到。

传统读书会的操作经常把焦点放在书中知识上，但是社群读书会更重要的是通过呈现，来提高共同创作的价值。这并不困难。当前技术发展迅猛，我们可以通过很多教学工具、方法及软件进行轻松创作，呈现读书会的投入与产出。

关于呈现，这些年来我有一个非常切实的体会：所有的呈现都是设计出来的。即身为读书会的领读人，必须在运作之前思考清楚：这次读书会预期的产出是什么？通过什么样的方式去呈现？

事实上，通过最终读书会的产出是什么，我们可以倒推出整个读书会的流程，如图2-11所示。

最终结果	• 你要有什么产出？
过程进行	• 有什么样的过程？
重点掌握	• 要找到哪些知识点？
重点延伸	• 进行哪些议题的讨论？
凝聚方式	• 用什么方式讨论？
凝聚产出	• 讨论出什么结果，以及结果怎么呈现？

图 2-11　倒推读书会流程

这些都是在读书会之前就必须构思好的，而产出也回到我们最重要的一句话——"活动，是办给没有来的人看的。"所以领读人或主办人思考的就不只是产出的过程，还有产出的呈现。现在很多工具可以协助我们。

行动计划

通过核心团队的多人讨论，安排读书会的步骤，用CAR表（见表2-1）和STAR表（见表2-2）让产出更有步骤性、结构性。

表2-1　CAR 表范例

书名	跃迁——成为高手的技术	
状况 Condition	行动 Action	产出 Result
规划年度计划	创建自己的头部领域	企图获得更多粉丝与关注的流量

表2-2　STAR 空白表

情境 Situation	
任务 Task	
行动 Action	
结果 Result	

思维导图

让大家通过更多联想来思考同一件事，产生更多的路径、方法、创意，这是一种良好的呈现方式（见图2-12）。

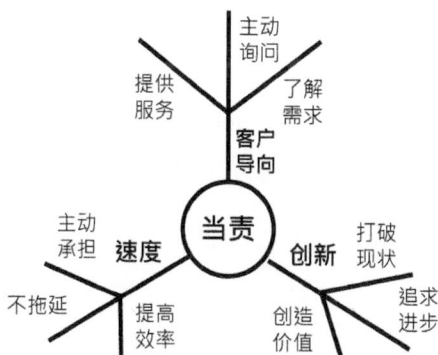

图 2-12　《当责：从停止抱怨开始》思维导图范例

影片记录

通过录像或拍照，将读书会中的讨论、分析、分享、感悟，或某一知识点的呈现拍摄下来，发布在朋友圈或社群中。

这种方式会因为所用平台的不同而有不同的优势。例如，微信公众号或朋友圈有一个一年朋友圈回顾功能，即在明年或后年的此时此刻，提醒我们去年或前年学了什么。通过微信公众号或朋友圈来分享这些产出，会令使用者深刻感受到学习的痕迹和积累。

简报回顾

通过5~10页的简报，把图书的关键内容记录下来，可以有效提升未来使用它的机会。这种方式非常适合企业读书会使用。通过读书会，参与者甚至可以把书中精华萃取出来，将其作为公司的新人培训材料。此外，可以结合课程、影片，用简报形式来展示。我个人在经营公司时也常使用简报回顾的方式。例如，每年我会与公司销售主管一起找出近期行业里值得一读的大书，将这些大书通过读书会的形式萃取成简报，再与客户分享。这样做既可以提升我们的销售力，又可以巩固我们与客户的关系，提升品牌价值。

大书读书会曾经连续两次共读《如何阅读一本书》。我们将每个章节都做成PPT，对之后书粉的帮主新人训，就以这个PPT作为其中的一个教材。

最后，我整理出一张关于读书会建立的表格（见表2-3），供读者参考。

表 2-3　读书会成立引导单

读书会				领读人	
定位	职位	领读人	核心成员 1	核心成员 2	核心成员 3
	姓名				
	个人标签				
	目标对象	目标 1	目标 2	目标 3	目标 4
	读书会名称		读书会主题		
	选书主题	第 1 次	第 2 次	第 3 次	第 4 次
	书名				
基准	时间				
	地点				
	频率				
建团队	分工	进修组	成果组	公关组	总务组
	姓名				
营销	内容				
	媒体				

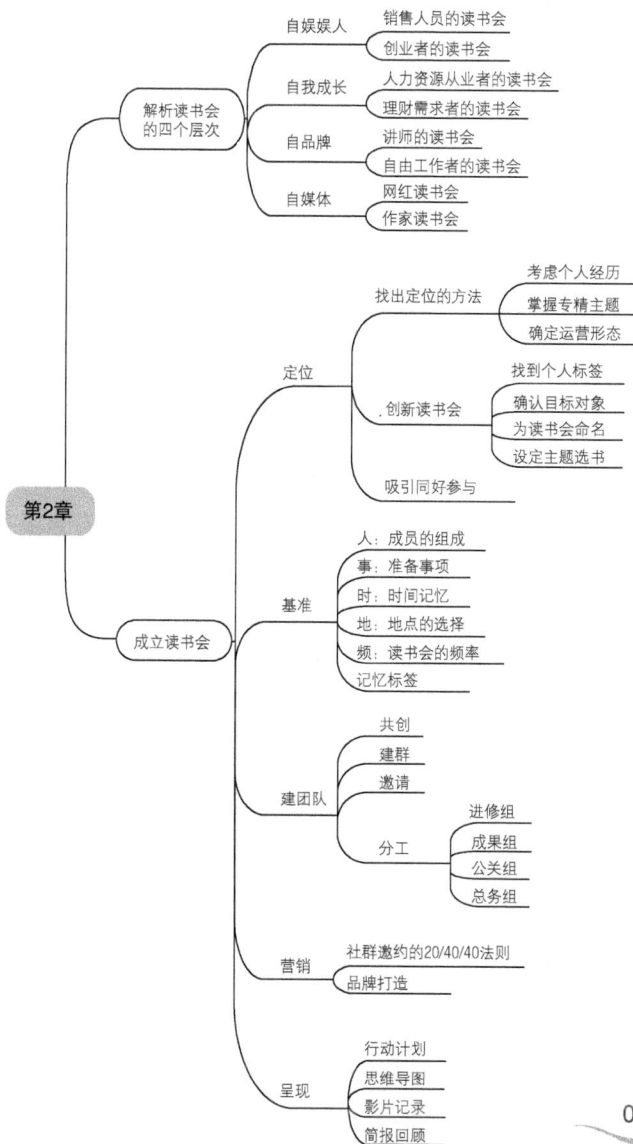

本章小结

- 第2章
  - 解析读书会的四个层次
    - 自娱娱人
      - 销售人员的读书会
      - 创业者的读书会
    - 自我成长
      - 人力资源从业者的读书会
      - 理财需求者的读书会
    - 自品牌
      - 讲师的读书会
      - 自由工作者的读书会
    - 自媒体
      - 网红读书会
      - 作家读书会
  - 成立读书会
    - 定位
      - 找出定位的方法
        - 考虑个人经历
        - 掌握专精主题
        - 确定运营形态
      - 创新读书会
        - 找到个人标签
        - 确认目标对象
        - 为读书会命名
        - 设定主题选书
      - 吸引同好参与
    - 基准
      - 人：成员的组成
      - 事：准备事项
      - 时：时间记忆
      - 地：地点的选择
      - 频：读书会的频率
      - 记忆标签
    - 建团队
      - 共创
      - 建群
      - 邀请
      - 分工
        - 进修组
        - 成果组
        - 公关组
        - 总务组
    - 营销
      - 社群邀约的20/40/40法则
      - 品牌打造
    - 呈现
      - 行动计划
      - 思维导图
      - 影片记录
      - 简报回顾

第 3 章

社群读书引导术

一场好的读书会，关键在于领读人对于每个步骤的把控。

通常，一场读书会只有两个半或三个半小时的时间。领读人必须在有限的时间内，让每个参与者都感受到读书会的价值。也就是说，如果参与者能够心生"好值得""来参加真好"的想法，这场读书会就成功了。

社群读书会的基本流程分为三阶段、六步骤（见图3-1）。

第一阶段共读：开场、暖场、带读。

第二阶段分享：引导讨论。

第三阶段共创：共同创作，产出与下次预告。

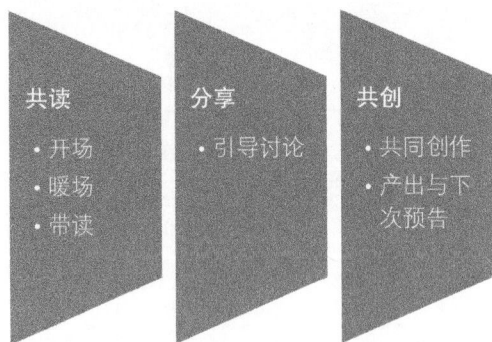

图 3-1 社群读书会的三阶段、六步骤

本章将逐一讲解每个步骤的重点内容与注意事项。

01 共读阶段

开场、暖场、带读是读书会的序幕，又称共读阶段。这三个步骤对参与者来说，除了准备和暖身，还让领读人通过引导，强化每个人的参与动机。三个步骤中的每一步都有其特定的意义。

📖 开场，决定你的第一印象

引发动机

建立领读人的第一印象，强调参与意义，强化参与动机，并建立众人共有的目标。

一个好的开场可以唤起参与者的价值感。

在读书会开始时，领读人要先让大家思考"我为何而来"，找出每个人参与的动机，并强化学习动机，让参与读书会成为参与者的信念。

领读人可以通过两个思路，引导参与者思考：

（1）读完这本书会带来什么样的收获。

（2）找到参与者的需求点。

通常，这几方面的思考主要从痛点、甜点、痒点、惊讶点出发。

痛点

所谓痛点，就是不顺利经验带来的感觉。例如，现在有很多叫车的App。这源于2013年北京、上海等一线大城市进行不便，为了解决这一问题，叫车App应运而生。

痛点会带来变革。找出参与者个人读书的困难点，就可以强化他参加读书会的信念。

甜点

所谓甜点，就是满足个人的渴望。例如，早期的消费多靠实体商店，当想要同时购买很多商品时，就必须去不同的实体商店，然而网络商店的出现满足了每个人足不出户就能购买多种商品的需求，也成为今日消费市场的主流。

要怎样利用甜点，强化参与者的决心？可以将较少人讨论的图书作为读书会的主题，引导参与者理解，为什么在这个时刻我们必须学习这本书。此外，为了强化参与者的甜点需求，建议领读人从"大家都熟悉的议题"出发，慢慢带入甜点需求的应用。

痒点

所谓痒点，就是人们对于某些东西有高度期待。例如，几乎每个人都希望自己拥有完美的身材，所以关于健身、减肥的广告，会请身材健美的男女来展现肌肉，通过视觉，强调美好身材，勾起消费者的痒点需求。

要怎样设计读书会的痒点呢？最简单的做法就是通过社群分享，让大家都看到参与者是如何通过读书会进步发展、朝各自目标前进的。

还有一种痒点，是领读人在读书会的前、中、后阶段，分别找出让其他人看了会有所期待的要点，并分享出来。这会让参与者或旁观者都因为变化与创新，产生心生向往的感动。

惊讶点

痒点的最高层次就是惊讶点，也就是创造出超越期待的感动。就像乔布斯在苹果手机发布会上，每次都会展现一个远超众人期待的新品，令人既惊讶又期待。

读书会的惊讶点，除了流程形式上的创新，还可以通过颠覆内容与凝结群众智慧在不同产业领域与职业中，将原有想法转化成参与者不曾想过的可能性。

实施以上四点的前提是，必须找出参与者"为何参加读书会"，以此为起点，促使大家产生学习意愿，让参与读书会的行为成为一种必需。

创建共有目标

开场设计的第二个关键就是创建共有目标，让每个人心中都有共识，知道接下来读书会该如何进行，以及每个环节会为参与者带来怎样的成就感。

领读人可以通过以下三个问题达成众人的共识。

为什么要读这本书

当确定读书会要读的书时，每个参与者都应该理解，对于他们来说，阅读这本书会带来怎样的影响。

领读人在开场时应询问大家"为什么我们要读这本书"，不仅请参与者思考学习的理由与价值，还点出读书会的宗旨，让每个人都清楚地知道参与这场读书会会收获什么。

如何进行这场读书会

在开场阶段，领读人还必须告诉大家读书会的流程，这可以确保每个人都明白每个阶段如何操作和配合，以及会有什么收获。

例如，在共读阶段的开场步骤，通过领读人的提问和介绍，参与者会坚定参加读书会的信念，并了解在进行过程中将如何在最短的时间内获取书中的知识。在分享阶段，领读人会通过议题的方式，把书中的知识与参与者的工作和生活进行连接。

理解读书会的流程后，在接下来的时间内，参与者才会跟着领读人的脚步前进。

最终我们会得到什么收获

读书会的最后是共创阶段。在此阶段，每个人通过分享，不仅学习了书中的知识，还从其他人身上获取了平常难以得到的不同观点，找出了更好的解决方案，达到了共创的效益。

收获就像诱饵。当清楚地知道自己会在读书会中得到怎样的收获时，参与者便能安下心来，全身心地参与。

总之，在开场时，领读人会让每个参与者达成共识，让参与者感受到读书会的价值，为接下来的交流、分享、创造奠定一个完美的基础。

暖场，建立信任氛围

通过开场，领读人让每个参与者都更清楚参加读书会的原因、坚定学习的信念，紧接着必须奠定读书会重要的基础：信任感。只有参与者彼此信任，才能真诚互动，分享心底最真实的想法。

如果缺乏信任，在接下来的分享过程中，参与者将无法真诚地发表内心的想法。所以领读人必须从读书会一开始就思考如何让大家建立信任，并最终做出有效的分享。

建立信任的关键技巧

建立信任的关键技巧在于：由小而大，循序渐进。

在读书会的暖场步骤，领读人可以借助一些简单而小的活动建立彼此的信任。最简单、最直接的方法是自我介绍。通过自我介绍，参与者将相互认识。

因为时间有限，每个人的自我介绍内容最好精简，又必须清楚地说明自己的特点。领读人可以提醒参与者掌握以下几个介绍重点。

【基本介绍信息】

个人姓名：

当前职业：

先前职业：

【进一步的信息】

出生地、成长环境：

星座：

兴趣：

喜欢阅读的图书：

参加读书会的原因：

通过简要的问题，参与者大致能够理解彼此的背景，迅速建立信任的基础。

更进一步的信任度建立，不妨通过一些预设好的简单问题来建立小组内部的互动讨论氛围，或者通过比画手脚等简单的互动游戏来渲染参与者表达意愿的氛围。

打造开放氛围

在建立信任的过程中，最常遇到的问题是，因为参与者的性格差异，有人特别想要发挥则占用了读书会过多的时间，而有人从头到尾都不想开口则错失了表达的机会。领读人必须注意这种不公平的状况，避免让读书会沦为只有少数人畅所欲言的场所。

为了保证每个人都拥有足够的发言时间，领读人不但要确保参与者的发言时间，更要试着引导每个人都发言。

领读人必须多方观察，对于没有发言或抗拒发言的人，试着主动提出问题，提名对方回答。如果对方回避，那么可以让对方思考后再发言。

有些领读人可能觉得，假使参与者不愿意说话，或讨论重心只集中在少数人身上，也不用太勉强，只要讨论热烈，气氛和谐即可。但在一个以人为主的读书会上，核心精神在于分享，只有每个人都愿意分享，才能一起享受互动的过程，并从中有所收获。

如果表达仅限于少数人，其他参与者就会觉得自己在此过程中可有可无，下次就不会再来参加读书会了。这对一个把目标放在长期经营读书会的团队而言是非常危险的。

通过众人的表达，我们也能够清晰地看到，哪些观点是大家都认同的。这些被认同的观点接下来也是议题设计的重点。

最后在暖场步骤中，领读人除了建立互动基础，还要强调一个非常重要的观点：没有谁的观点是绝对正确的，也没有谁的想法必然是错误的。

团队分享并不是为了确定正确、否认错误的观点而存在，而是集众人之力，一起思考不同观点背后的成因和逻辑。只有拥有足够开放的视野，才能激发每个人的智慧，创造更好的成果。

带读，快速拆书学习的领读

主持读书会多年，我发现领读人的最大难题，不在于团队的氛围是否融洽，也不在于参与者表达的内容如何，而是一个非常基础的问题：参与者没把书读完。

通常，参加读书会的人都对自己有所期待，希望能在会前把书读完，但碍于时间与精力，绝大多数人都很难做到这一点。

还有一些参与者可能早早读过了书，但是因为时间隔得久了，记忆不深，等举行读书会时，对所读的内容也就忘得差不多了。

对一些厚重又艰涩的图书，光凭个人之力要读完读透，难度很高。

如果我们强制要求每位参与者都必须把书读完读透再来参加读书会，那么很可能降低参与者的动力，导致读书会难以进行。

再者，许多企业读书会的成员平时都忙于工作，很难有多余的时间读书，但因为上级主管要求他们必须参加，所以他们都抱着混过就好的心态，阅读图书非常潦草，翻翻开头和结尾，看看目录就了事。

但如果阅读基础不牢，那么参与者很难理解完整内容，更别提表达与感受，以及将所读与生活和工作相结合了。

因此，无论是怎样的读书会，我都强烈建议领读人必须通过带读，让每个人重新把指定的图书彻底读一遍。

但如果想在有限的时间内让大家放下一切从头到尾专心把书读完，也是不切实际的。领读人必须使用快速拆书法，通过群体的力量，让每个人在最短的时间内，快速阅读、吸收、学习书中各章的内容。

快速拆书法，就是Rapid Reading与便利贴法的应用。领读人引导参与者在同一时间内阅读书中各章的内容，并且引导其思考，连接生活中的应用。

领读人如何在带领读书会的过程中展现出有效的群众学习，这就是对于拆书能力的检验。拆书分为知识萃取和强化吸收两个阶段。

知识萃取

步骤一：领读人发掘书中知识重点

读书会正式开始时，领读人就现场参与人数、分组状况进行判断，评估哪些章可以通过分组阅读、讨论进行，哪些章应该由领读人亲自讲解。

对比较单纯的知识点，领读人可以简单解说让大家理解，但对内容较为庞杂的知识点，最好通过分组阅读方式进行学习。

步骤二：适当适量通过分组拆书，强化学习

分组阅读的基准是一组不得少于2人。

也就是说，如果一本书有12章，当必须拆分为12组时，每组人数至少2人，那么参与者至少24人。

但当一本书有12章，而参与者只有8人时，如果2人一组，分为4组，那么每组必须负责3章。

如果读书会的参与者太少，领读人可以安排部分章由小组阅读、讨论，但有些章由自己来做导读。

无论是分组、拆书，都必须思考参与者的负荷能力。假如书中知识点很多，而参与者很少，强行压迫参与者在短时间内阅读过多的内容，反而容易造成参与者难以透彻思考分析；但如果知识点很少，参与者很多，导致每组的阅读量很少，参与者就很容易分心散漫，最终事倍功半。

分组阅读和知识分享是两回事，即使每组都把负责的知识点读完了，又该如何抓出重点并分享出来，让其他参与者同步吸收呢？这就仰赖强化吸收的两个萃取技法了。

强化吸收

一三一法

阅读一本书有多种不同的方式。在经典著作《如何阅读一本书》中，作者莫提默·艾德勒谈到了阅读的四个层次：基础阅读、检视阅读、分析阅读、主题阅读。而一三一法，就是从第三层分析阅读中衍生出来的一套快速学习、理解的方式。

想要做分析阅读，必须先找出书中的关键字，如专有名词或经常反复提到的字词。围绕关键字的论述内容通常都是作者的重要观点，只要读者能够将书中的这些观点组合起来就能理解整本书的内容。

所谓一三一，就是：

一句话。这句话可能来源于书中的内容，也可能是在分组阅读后，讨论出来的。

三个重点。在讨论出全书精华的那句话后，找出三个能够解释精华所在的重点，作为辅助的论点。

一个应用点。学习不仅是纸上谈兵，更要与现实生活和工作相结合，从而加深印象、学以致用。

示例：

书名：《讲出一个精彩故事》

章节：故事三要素

一句话：叙事、场景、对白赋予故事各种记忆、想象、感情与见地。

三个重点：

让故事的角色活起来。

叙事浓缩简洁的性质，充满想象空间。

叙事＝图画，场景＝表演，对白＝鼓声。

一个应用点：讲述工作时加入生动的故事，让协作更加容易。

一三一法学习单如图3-2所示。

一三一法学习单	
一句话	
三个重点	
一个应用点	

图 3-2　一三一法学习单

便利贴法

所谓便利贴法，就是参与者在阅读之后，经过思考，将想法填写在三张便利贴上。

第一张便利贴：描述知识重点。用你的语言来介绍你所阅读的章节内容的重点。

第二张便利贴：连接过往经历。针对你过往的经历，找出与书中有关联的事件，描述知识与事件的联系。

第三张便利贴：建议应用场景。结合书中的知识点与过往经历，思考如何把所学运用到未来的工作和生活中。

每个参与者都整理好便利贴的内容后，以小组为单位，先在小组内部分享彼此写下的内容，再在组内票选出代表，最后在读书会中向大家分享。

便利贴法学习单如图3-3所示。

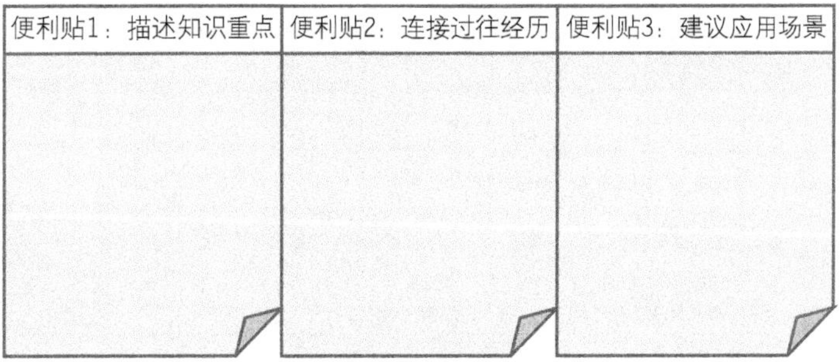

便利贴1：描述知识重点	便利贴2：连接过往经历	便利贴3：建议应用场景

图 3-3　便利贴法学习单

示例：

书名：《洋葱阅读法》

章节：主题阅读

描述知识重点：自我知识体系的建立。

连接过往经历：面对非自身知识领域的新项目，快速搜集相关资料、人员访谈等。

建议应用场景：新课程研发。

02 分享阶段

在分享阶段，领读人必须扮演好引导讨论的角色，并通过创造，把碰撞后的结果转化成每个参与者都能应用的产出，激发更好的学习成果。

如何做好引导讨论呢？关键在于议题的甄选和把握。

一个好的议题，能够激发每个人的思考；相对地，一个普通的议题，只会让我们在同样的思维下，找同样的解法。就像手里拿着锤子，看什么都是钉子一样。

准备有效议题的三个动作

领读人在引导参与者撰写好的议题之前，要先布局好以下几个动作。

找出容易产生共鸣的知识点

领读人能够知道书中的知识点是什么，不论是痛点、甜点、痒点还是惊讶点，以及哪些知识点对于参与者最有共鸣。要站在使用者的角度来看，这些知识点能够带回到生活与工作中，并且提升效率，助力开创性的突破。

考量参与者的专业知识与需求

领读人要先了解参与者的背景，并做好需求分析，从书中筛选出值得被参与者接受的知识点。例如，我们可以先理解参与者的专业背景，从而推敲出其在未来的工作和生活中可能应用的知识点。

用开放式引导标准设定议题

领读人在布局安排时，应将重点专注于实践，引导参与者思考如何将知识点应用到工作和生活中，所以议题的设定最好能够以开放式问题来引导参与者的思考。

示例：

书名：《微习惯》

知识点：将微习惯放入日常计划

TA：企业上班族

议题：在工作中的哪些方面可以将微习惯设定于日常计划中？

三步激活议题引导能力

在引导讨论的过程中，设定开放式问题是团队分享的重点。只有开放，才能让结果不限于单一的是非答案，才能通过不同的切入点，导出不同的答案。那么，如何让大家思考和讨论？答案是依赖领读人对于议题的引导能力。

Question：抛问题

通过事前准备，领读人可以预先设定好，足以让参与者突破过往思考脉络的问题，并利用向参与者抛出问题，刺激每个人思考，从不同的视角来检视不同的可能性。

所谓抛问题，不只是单纯地向参与者乱扔问题，而是要通过说明、拟定等动作，把问题抛得恰到好处。

Define：主题说明

在抛出问题前，先针对议题进行解说，让参与者知道接下来要进行哪些议题探讨，并尽快把议题与个人生活、工作相连接。

示例：

《参与感》品牌篇：这个主题需要我们去探讨，如何通过服务价值来创造粉丝的忠诚度，进而提高品牌知名度。所以让我们去思考，工作中有哪些可以设定服务价值的环节。

Design：拟定问题

拟定问题要把握两个原则：第一个原则，读书会中的问题必须在读书会进行前就已经设计完；第二个原则，设计能够让大家充分讨论的问题，必须是开放式问题，而非辩证性的是非题。

Follow up：要跟进

作为领读人，我们必须主动协助参与者讨论，并引导参与者由浅入深地思考问题。因此，在抛出问题后，领读人必须以教练引导的方式，逐步带领参与者。

如何才能做到完美的引导？每个领读人都可以通过自问三个问题，调整、修正自己的引导。

第一个问题：试想最终的景象

试问自己，在这场讨论的最后，你预想得到怎样的结果？你期望看到什么样的状态？整个讨论过程会呈现什么样的场景？

示例:

《反本能》第一部分: 反本能之自我提升

你认为你的最佳状态能符合哪些条件?

第二个问题: 为什么不去行动

如果预想的最终结果与现实有一定的差距,你该如何去修正、调整? 为什么不去修改、挑战? 哪些是你最在意的要点?

示例:

《反本能》第一部分: 反本能之自我提升

找出其中的一个条件,去思考不能采取行动的三个最主要的原因。

第三个问题: 下一步要做什么

不断自问要如何进行下一步,而不是等结果出来后勉强接受。在讨论的过程中,领读人必须领先参与者,更早知道自己的下一步反应与行动。

示例:

《反本能》第一部分: 反本能之自我提升

找出性价比最高的挑战目标，并找出其第一步的行动计划。

Case：举实例

大家都喜欢听故事，因为故事有画面感，容易让大家产生共鸣。在引导讨论的过程中，领读人需要列举一些实例，来弥补沟通上的认知落差。

就像有一千个人，就有一千个哈姆雷特一样。不同的参与者面对同样的语境会有不同的认知落差，或者使用不同的遣词造句的方法。

因此，在讲述、讨论的过程中，领读人应该不断自问：

Real：关于这个状况，你能够举一个实例吗？

Soon：能够举一个最近的实例吗？

Often：能够举一个经常发生的实例吗？

将实例融入讨论中，除了能够加深参与者的印象，还有助于他们更深入地理解，吸引他们的注意力。例如，我通过每天测量体重，来确保我天天跑步习惯的建立。

03 共创阶段

📖 共同创作

创作是人类展现自我想法的手段。通过创作，人与人的沟通可以更加有效。在读书会的共创阶段，领读人将带领参与者系统地展现内心的想法。

视觉呈现：让成果清晰生动

读书会的参与者通过特定的创作方法，将对议题的讨论内容、不同解答，以视觉化的方式进行记录。在这个过程中，经常使用的技巧有三种：心智图法、曼陀罗法与子弹思考法。关于这些技巧，我们会在后续进行详细介绍。

社群助力：让成果加乘放大

创造可以是对外的，是被看见的。例如，通过社交媒体、应用软件，读书会讨论的成果被记录下来并对外分享。参与者个人通过检视讨论后的记录，可以快速回忆活动时的情景并重温讨论过程，也可以通过记录证明个人成长。

对于有目的的想要通过营销曝光或运营活动的社群来说，分享记录，更有助于活动宣传并向外发展社群。

即使没有想要发展社群，企业内部运营的读书会在活动后留下的网络记录、对外分享，不但可以证明每次读书会都有所收获，还可以强化已参与者的向心力，并挑起未参与者的好奇心。

也就是说，一个好的读书会创作流程，可以加强参与者的两种信念。

群聚印象

让未参与者感受到读书会活动的热烈程度，对此留下深刻印象。当日后有参与读书会的需求或想法时，他们自然会受到该读书会的吸引。

归属成就感

每个人都希望得到群体的认同，以满足个人的归属感。参与者彼此分享，不但可以展示个人对于读书会的认同感，还可以从视觉上呈现读书会的丰硕成果。

如果一场读书会到最后没有留下创作记录、展现彼此参与的成果，外人不知道读书会到底在做什么，那么参与者也会渐渐淡忘初衷。我曾经看到很多读书会，开始时因为领读人用心设计，吸引了很多参与者，但后来参与的人越来越少，成员的向心力越来越不足，渐渐地读书会就解散了。原因就是，领读人与参与者重带读、讨论，而忽视了创作记录。

图文结合：让成果迅速传播

除了照片、笔记或其他视觉化的表达方法，你还可以通过文字辅助图片，记录当天所探讨的议题、不同参与者的意见和想法，以及如何在工作和生活中实践所学。

社群的公开曝光，除了强化参与者的信念和想法，进一步连接生活和工作中的展现，也吸引了那些有相同想法或共鸣的人加入下一次读书会，连接原本属于弱连接的人，壮大我们的社交圈。

产出与下次预告

我所创建的大书社群读书会到2020年已经五年了。根据统计，其中有一半学员固定参与读书会的时间已经超过三年。这些学员几乎都是上班族、专业工作者，也就是说，无论他们平时工作多忙，只要到了时间，就会放下一切来参与读书会的活动。

那么，是什么力量促使他们持续不断、持之以恒呢？

经过了解，我发现原因有两点：一是他们发现只要花一个晚上的时间，就能完整深入地了解一本书，从投资回报率来说，这一个晚上的付出是非常值得的；二是除了了解一本书，他们还能够分析出书中的知识点并将其应用到工作和生活中。

总体来说，他们察觉到读书会对自我知识提升是有绝对好处的。

为了让更多人能够体会到读书会的优点，吸引他们继续学习，领读人在每场读书会的结尾，必须执行三件事。

让参与者看见学习的成果

领读人和读书会的运营团队，必须协助每位参与者看见自己今天的学习内容及成果。这个看见与我们的共同创作息息相关，要让参与者能够直接见识到自己讨论、整合后的结果。

这也是社群读书引导术的最大价值所在。参与者通过有系统、有结构的学习得到了具体成果，也正是这些成果，让参与者觉得花时间去投入、花钱去学习是值得的，且价值超乎预期。

让参与者分享收获的内容

让每位参与者总结分享今日收获的内容。当参与者分享个人心得时，他会反思所经历的一切，并审视已获得的成果。

更重要的是，当一个人主动分享时，其他参与者也会再次回想今天所经历的一切，重温习得的知识与创作成果。

告知参与者下次读书会的信息

当每场读书会结束时，我都会花一些时间，对下一次活动的时间、地点、方式、研读的图书、预期将获得的成果做详细介绍。

读书会是自发性的活动，如果没有邀请或宣传的过程，很多人就会因为懒怠而缺乏动力，或者打退堂鼓，不再参与。因此在读书会的最后，我会提醒大家下一次的活动，并用"会学到什么"作为诱饵，吸引参与者下次再来。

本章小结

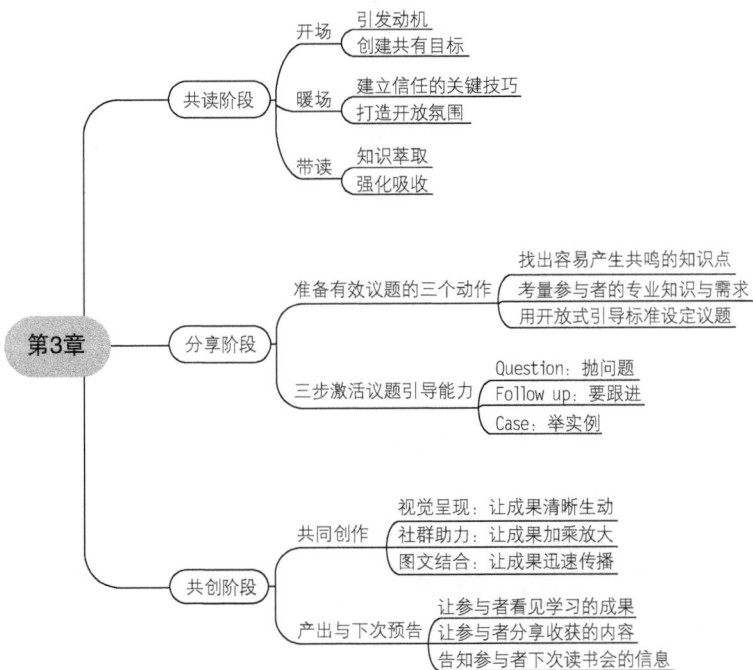

第 4 章

领读人计划

01　破解读书会失败的困局

如果读书会可以让个人提高学习的深度、持续学习，并能够通过读书会，形成专属于自己的"军师联盟"，让组织不断孕育出创新的知识，那么为什么大多数企业不轻易推动读书会呢？答案是他们担心失败。

我经常在课堂中与学员沟通讨论这个问题，他们担心失败的原因可以总结如下：

- 读书会领读人的引导能力不足；

- 读书会不容易有回报感；

- 参与者缺乏有深度且有趣的交流；

- 读书会形式单一，不好玩；

- 大家都共读一本书，意见和想法的重复性高。

当我们面对问题的时候，问题已经减少了一半；当我们逃避问题的时候，问题就会增加一倍。所以，我们需要针对这些问题，针对性地给出解决办法。

积累领读经验

无论你有多少把握能够掌控局面，无论你主持过多少次会议，无论你组织过多少次活动，在引导社群读书会时依然要学习领读人引导要领，练习再练习，预演再预演。

主持会议、组织活动与主持读书会，性质完全不同，方法也不一样。

主持会议、组织活动是有既定流程的，参与者事前早就知道要讨论什么、会有怎样的结果。但读书会不一样，它充满了变数。

我曾经在某企业推动领读人培养计划，当时碰上一个颇为尴尬的情况。我安排每位主管都要亲自领读一场读书会。为了吸引参与者参与，领读人要设计一个令人眼前一亮、精彩绝伦的开场。

在某场读书会中，一位主管播放了当时最热门的电影《复仇者联盟》，声光效果俱全的电影场面引人入胜，大家都聚精会神地看着。等到影片结束，灯光亮起，领读人才忽感无法继续，因为这个内容与读书会的内容基本没有联系。

所以，领读人引导读书会的技巧要反复训练。

对于新手领读人，一开始不要奢望马上能够驾驭十人、百人以上的读书会，而要先召集3~5位志同道合的好友或同事，建立小型读书会，实地演练，培养自己的引导技巧。

这些志同道合的好友或同事，他们是与你关系密切的人，彼此信任，真诚相待，也可以毫无顾忌地说出天马行空的想法。同时，这也减轻了你为读书会寻找参与者的压力。通过这样几次小规模的读书会，你可以通过朋友、同事的反馈，与读书会的实际结果，来总结和反思自己在社群读书会引导方面的优点和缺点。除此之外，通过持续性的刻意练习，体会到读书会的学习成效和实际的创造成果，建立、提升个人的自信心。

提升参与者承诺

社群读书会成立之初，最重要的是先建立它的核心议题。简单来说，就是先搞清楚这场社群读书会的主题是什么，通过读书会向参与者传递什么价值观。

如果没有主题和价值观，那么不管号召了多少人参加，读书会都会没有向心力，参与者也不会给予承诺。因为参与者会问：这个读书会跟我有什么关系？

要如何设定读书会的主题与价值观呢？如果一开始你没有明确清晰的想法，那么可以找几个参与读书会的核心成员一起思考需要聚焦的主题。参与者可以把这些观点分别写在不同的便笺纸上，然后归类整理，找出出现次数最多的观点，以此作为建立社群读书会的出发点。

例如，先前提到的小ben帮主所创办的小企营销读书会，主要成员是新创产业和小企业的营销人员，他们就是以工作需求为出发点为读书会定的名字。

读书会确定名字后，它的主题和价值观就出现了。小企营销读书会想要研究探讨的图书，一定会锁定在创业、营销等方面。

以任务或问题导向来学习是最高效的学习方式。所以，这一类的社群读书会目的明确、方向坚定，有很高的共识度，团队自然向心力强，每个参与者的承诺度也会很高。

提升读书会向心力的另一种方法是让每个参与者都有做决策的机会。

例如，我举办了大书读书会，每半年会做一次全员票选，选择接下来半年所要读的书。票选制度非常简单，但是每个参与者都很有感觉：这是一个大家一起举办的读书会，每个人都参与了读书会的重要运作。这也是每个参与者向团队许下的承诺。

连接个人和未来

通常人们之所以想要参加读书会，是因为选读的图书与个人生活或未来有某种联系，或者能够满足某种需求。所以我们必须从参与读书会的人的角度进行思考，即在什么情境下，对方有什么样的需求，然后根据这些进行相关活动的策划。

换句话说，读书会的举办过程与讨论结果，必须与参与者的生活情境、未来有关。

例如，今天举办《领导力》一书的读书会，我们希望参与者除了理解书中的内容（什么是领导力），还希望通过参与者的分享，听到、看到、理解书中的内容是如何反映在现实生活和工作中的，且践行领导力之后，发生了哪些变化。这些分享和理解，可以帮助每个参与者在未来有效提升领导力。

📖 系统性运营社群

社群运营需要具有系统性。经过多年的实践，我发现它必须向两个方面发展。第一个方面是从受众到社群平台的多级呈现，第二个方面是从内容生成到活动运营，甚至到跨界合作的项目的持续设计。

在从受众到社群平台的多级呈现方面，可以依照你的定位去选择符合目标受众的社群平台。如果你更专注于思考这一领域，那么你可以选择微博或豆瓣；如果你更专注于商业智慧这一领域，那么你可以选择微信公众号或今日头条等平台。

图4-1是系统性运营社群工作画布，横轴是所有社群运营端的呈现，纵轴是各终端呈现的内容的生成方式与来源。

图 4-1　系统性运营社群工作画布

制造吸引人的学习成果

我举办大书读书会期间，曾提出一句口号——每月为自己读一本大书。这个看似简单的口号，向参与者传递了一个清晰的信息：每个月参加一次大书读书会，只要一年的时间，就可以阅读超过10本的图书。不仅你自己一个人读，还有一群与你志同道合的人跟你一起读。读一本书成为个人经验和他人经验的交流碰撞，借此产生新的知识，最终成为个人的生命智慧。

如果一个读书会只有纯读书分享，不能让参与者彼此进行观点或知识的碰撞，启发创造，那么读书会结束后，这些知识只是停留在个人脑海中。

为了让参加读书会的人都能够从中有所收获，我们可以在读书会中，结合社群读书引导术，连接实际生活中的实际应用，产出成果，让读书会不只是知识上的分享，更是个人持续精进的过程。

📖 在读书会中读书

很多人都觉得，要想参加读书会，必须先读完一本书。这其实是一个伪议题。从另一个角度来思考，什么叫读完一本书呢？如果你觉得从头到尾、一字不漏记住书中的每个字，才算读完一本书，那么这种想法有点过时了，这种读书方式是过去为了应付考试而使用的。

所谓真正读完一本书，并非逐页读完，只要能通过阅读学习到新的概念、知识或一项新的应用工具，这本书的使命就完成了。

换言之，一本书最重要的意义，是在帮助我们面对事情时，能够将从书中所获得的知识或技能活学活用，以新方式或新视角帮我们做出不同的选择，从而使执行效率与结果向着更好的方向前进。

来参加读书会真正的意义在于，通过读书会把书中的精华萃取出来，与参与者进行思想上的碰撞，最终形成创新知识。所以在读书会举办之前，必须先和参与者分享这样读书的观念，让读书不再成为负担。

我在企业教授社群读书会引导技巧时，会先通过承办单位，让来上课的学员提前理解这样的观念，甚至直接告诉他们"不必事前读书"。这一点对于企业内部的读书会推广来说极为重要。因为许多企业之所以迟迟无法落实读书会，是因为员工觉得必须先把书读完，这会给工作和生活造成负担。所以在企业内部宣传读书会时，我会特别强调不占用其他时间，让每个人都能理解参与读书会学习的方式。

中国社群女王谢晶曾说："做社群就像盖寺庙，就是一个初心、一块地，来不来人都得念经。"无论读书会参与者是多是少，仍然保持当初做社群的信念、初衷，才有可能创造聚集人气的环境，吸引相信的人前来。

这也是每个读书会创办者必须坚持的信念。因为举办读书会是一场又一场的长期运作，场面不一定宏大，尤其是一开始要建立读书会的口碑，非常辛苦。但是只要持续下去，必然能够招揽相信你和相信你所持信念的人。

　　而创办一个成功的读书会，除了信念，还要有一套系统的操作步骤。本章将介绍一种我自己开发的系统方法。

02　确定领读人的职责

首先，我们需要领读人这个角色。领读人是整个读书会的灵魂，读书会的成败完全是由领读人掌控的，他会决定读书会的内容、风格和节奏，从图书内容的把握到读书会议题的设定，都必须是领读人深刻理解并逐一确定的，这也是领读人在举办读书会时必须承担的责任。

作为领读人，你一定要理解，人们是基于某种认同感才来参加读书会的，领读人要做的就是强化这种认同感，并赋予参与者参与进来的意义，即目的。人们会因为相信某种事物，从而认同所相信的事物，所以领读人在带领读书会的过程中首先要理解，也要让参与者理解：为什么我们要聚在一起读书？这有什么好处？

让参与者了解原因，除了赋予他们加入读书会的意义，也要激发他们持续参与的动机。

领读人兼具三大职责（见图4-2）。

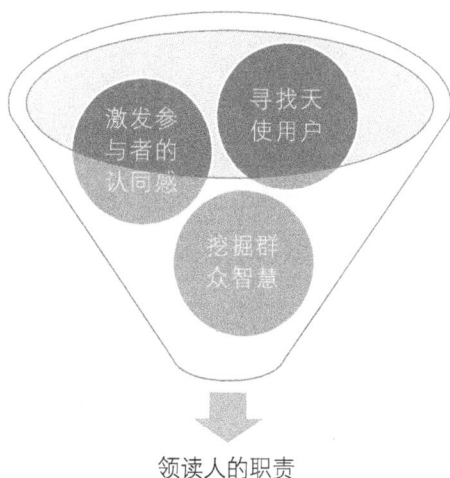

图 4-2　领读人的职责

激发参与者的认同感

领读人必须让参与者知道，我们所参加的读书会主要阅读哪类图书，这可以让第一次来参加读书会的参与者清楚理解读书会可能探讨哪些议题，并聚焦到想要深入参与的议题上。

在参与者清楚知道这场读书会所提供的内容后，领读人还要寻找参与者未曾想象到的问题点，挖掘参与者的痛点，给予内容解药，用来强化参与者对于参加读书会的认同感。

寻找天使用户

除了让一般参与者理解读书会的内容，领读人还要留心那些会协助宣传、主动参加读书会的成员。这些人就是领读人的天使用户，也就是最认同并愿意影响其他人一起认同你的人。

当你从读书会中找到认同自己理念的群体，并且在分享与共创的过程中，引导彼此跨界、分享、帮助参与者导读的时候，就能从更多视角加深探讨的层次。

挖掘群众智慧

每场读书会的运作过程，都在告诉参与者：今天这场读书会以什么样的形式在进行。

此外，领读人还要创造出"群众娱乐群众"的效果，让参与者的学习，不只是领读人本身的分享，还包含参与者本身的消化。因为每个人身上或多或少都有着我们未曾体验过的生命故事，其中所展现出来的智慧，就是彼此欣赏与拓宽视野的新视角，也就是俗话所说的"三人行必有我师"。

每个人都是彼此的导师，通过阅读，淬取彼此的智慧精华，从而凝聚属于我们的群众智慧。

03　领读人的共识思维

如何让参与者建立共识？如何让每个人的生活和工作精进？这些有赖于领读人对于共识阅读的思考能力，即领读人的共识思维（见图4-3）。

图 4-3　领读人的共识思维

领读人要先理解图书的大纲和内容，并能够进一步拆解图书，让每个拆解图书的环节，能够给出对应的价值。

如何拆解图书呢？请仔细阅读如下内容。

📖 精选内容

领读人在拆解的过程中，要首先思考"如何才能激发参与者的讨论"。

如果一本书有十几章，最好能够有20人参与，每章至少让两位参与者共读，并安排章节的讨论。

但如果一本只有10章的图书只有10人参与，那么可以安排两章为一组，仍由两位参与者共读，或者将本书的内容安排成两次读书会进行。这种设计思路是为了让每位参与者都能够根据每章内容进行充分讨论，即通过小组讨论、交流来达成共识，通过彼此分享的过程，让原有书中的概念和观点进一步淬炼出有质量的共识点。

也可以采用减法的方式来拆解一本书。为了让社群读书会的成效更加显著，领读人本身需要先对图书内容进行节选，决定哪些内容值得阅读和分享，哪些则可以跳过。

实践一两次后，你就会发现，图书不一定要从头到尾全部读完，而是依据我们想要的结果进行内容节选。

通过观点或概念的方式进行引导，可以让你在读完本章内容后，将所学应用于生活和工作中。

拟定议题

社群读书会的目的是希望每个人在共读后，都能够拥有相同的群众智慧。这需要通过让参与者理解社群读书会的议题来达成，因为社群学习不是一个人的学习，而是一群人共同学习、一起成长。

领读人必须肩负起唤起共识的使命。当参与者分享观点时，应该充分结合到自己的生活和工作中，同时找到群体共识后的解决方案。所以领读人如何撰写议题，将是酝酿共识的关键步骤。

管理学大师彼得·德鲁克曾说："找到一个好的问题，比找到一个好的答案更加重要。"问题的本质是激发人们思考，创造出无限多的想象。如果给出一个答案，人们就会陷入答案本身的认知框架中。

所以读书会在共创阶段，选择议题的标准，不在于绝对正确的答案而是抛出问题。因为一个真正好的问题，不会只有一种解决方案，而是会因为时间和空间的不同，相应产出不同的解决方案。

身为领读人，你要让参与者了解：达到目的有各种途径，要解决问题有各种可能的答案。

📖 议题设计

领读人在设计议题时，除了要理解图书中有哪些关键知识点，还要思考这些关键知识点怎样与参与者的期待相互连接。有了足够的准备后，接下来在设计议题时，必须掌握好议题设计的两个标准。

聚焦开放

无论是领读人设计议题，还是参与者提出议题，都必须注意，如果以"是非题"或"选择题"的角度来设计议题，那么这种封闭式问题无法创造出"讨论"的空间。

如果你所设定的议题，很快就能让参与者想到答案，或者即使经过长时间的演变，也不会出现太大的变化，那么这样的议题很难创造出多视角的思考。

所以好议题设计的关键在于引导讨论，通过开放式问题让参与者有机会进行更广泛的讨论，从而激起对议题的探讨，并找出更多元化的方式来达成目标。

议题赋能

此外，我们还要考虑议题是否能够引起共鸣，是否可以让参与者有亲身感受。如果你提出的议题离参与者的工作和生活比较遥远，或者议题本身处于你无法控制的范围，就会导致分享时大家找不到解决方案的脉络。

所以议题设计必须回到社群读书会的本质上，议题的解不一定是领读人给予的正确答案，而是在群众智慧下一群人的共识解。

设定议题之前，领读人应该首先了解参与者的需求。通常，参与者的需求有两大类：

- 专业者的诉求；

- 连接工作或生活的议题。

接着，领读人引导议题设计，给予方向，建构具体的讨论议题，并让参与者思考并连接书中的知识点，回应议题，说出自己的答案。

领读人除了在议题设计上聚焦，还必须通过与参与者互动，引导参与者发言。这可以让参与者把各自的隐性知识分享出来。所有讨论都避免针对事物的对错，而是阐述观点背后的思考内容。

示例:

《深度学习——彻底解决你的知识焦虑》

你在建立个人的知识体系时,特别重视的框架有哪些?为什么?(不去探讨是否能真正彻底解决你的知识焦虑。)

04 领读人的九大技法

领读人通过一次又一次的社群读书会，不断积累经验和技巧，但对于读书会的参与者而言，如果一直参加的都是相同形态、同样形式的读书会，就很有可能因为缺乏变化而感觉疲乏。

对不同类型、主题的图书，不可能都用一种方式进行拆解、阅读、分享、学习。为了让读书会长久运作，并且配合不同主题进行，我们在带读、引导讨论和共同创作等步骤中，可以根据实际情况使用九大技法，它们分别是：

- 一三一法；

- 议题精读法；

- 便利贴法；

- 动态辩论法；

- 小S引导术；

- 子弹思考法；

- 心智图法；

- 曼陀罗法；

- 世界咖啡。

技法一：一三一法

适用情况

（1）带读步骤、引导讨论步骤。

（2）必须快速掌握图书内容、重点，或者凝聚共识的讨论和创造时刻。

（3）图书内容丰富，知识点较多。

（4）参与者没有熟读图书内容。

实施条件

（1）抽签。

（2）每位参与者都必须自备一本书。

操作流程

步骤一：分组

领读人可以根据指定图书的章总数或知识点分布，将参与者分成几组。如果一本书有10章，参与者有40

人，则参与者可以分成10组，每组4人。

步骤二：决定章内容

领读人分派各组选择章内容，或者利用抽签方式，让每组分配到分量均等的章内容。

步骤三：参与者个人抓重点

小组成员就分配的章内容，在限定时间内完整阅读一遍。每个人都要在阅读中找出自认为重要的三点。

步骤四：达成共识

阅读结束后，小组成员在限定时间内分享各自提炼的三个重点，再通过共同讨论，确定该组公认的三个重点。

步骤五：团体分享

（1）另组A、B两个圈。

（2）打散小组成员，将每组成员中的一半分到A圈，另一半分到B圈。例如，小组成员为4人时，2人分到A圈，另2人分到B圈。

（3）分派到两圈中的成员，分别在该圈内分享全组公认的三个重点。

成效

一三一法是社群读书会中最常使用的方法。多数读书会领读人都会采用该方法。

它之所以如此频繁地被使用，是因为能够让参与者在短时间内，通过团队的力量，共同读完一本书。除适用于带读外，它也适合在引导讨论步骤中使用，让团队成员通过讨论、表达，沟通议题内容与意见。

此外，共读一本书，不仅可以提升学习效果，还可以进行思想上的碰撞。又因为必须由两人以上共读同一章，也会使最终得出的重点、观点更为全面，解读也更为客观。

领读人注意事项

领读人要先对书的结构有一定的理解。这个理解指的是知道内容呈现的形态，如本书是知识观点型还是应用工具型。需要在事前跟参与者解释，除了阅读完书中的内容，还要把这些内容进一步梳理与系统化以便呈现出重点，也就是抓取本章的三个重点，并与其他小组成员相互讨论。

技法二：议题精读法

适用情况

（1）带读步骤、引导讨论步骤。

（2）需要详细阅读指定图书内容，或者无法单纯阅读吸收，必须通过多人针对议题进行讨论。

实施条件

事前拟定议题列表。

操作流程

议题精读法的操作流程如图4-4所示。

图 4-4　议题精读法的操作流程

步骤一：设计流程

（1）领读人事先思考操作流程，并规划好议题。

（2）为避免现场讨论时冷场，预先指定发言者。

步骤二：引导讨论

（1）领读人需要适度引导讨论，并根据参与者的回应连接到议题本身。

（2）通过议题让参与者反思当前遇到的问题。例如，在阅读《克服团队协作的五种障碍》时，请大家思考在自己的组织中，通常没有办法达成共识的原因有哪些。

步骤三：触发想法

通过提问触发参与者思考，并整合想法。例如，在阅读《克服团队协作的五种障碍》时，针对收集的参与者的问题，请大家在图书中找到对应的解决方法。

步骤四：达成共识，改变行动

激发全员思考，列出改变行动的共识。例如，在阅读《克服团队协作的五种障碍》时，引导参与者找到自己解决问题的对策与具体行动方案。

成效

议题精读法因为经常用于必须精读部分图书内容，或者需要参与者通过讨论，达成深度理解、实际应用的社群读书会，所以参与者互动的环节尤为重要，即强调所有讨论都必须做到观点分享、互相讨论、达成共识。

领读人注意事项

一个有深度的议题，能够吸引参与者主动加入讨论，但如果议题讨论空间过于狭小，自然就很难吸引参与者。所以领读人在事前应有足够准备和议题规划。

在使用议题精读法时，经常碰到在有限的时间内参与者想不出来，或者思维卡在某个环节上的状况。

但因为读书会时间有限，拖延时间有可能拖垮整个活动的节奏，所以当碰到这种状况时，领读人必须出面解决问题。

解决问题的方法并非跳过问题，而是通过引导思考，带领参与者走出困局。引导思考的最简单方法，可从"另一种角度"来切入。

例如，当参与者聚焦于某一点无法解套时，领读人可以用反向的方式进行提问：如果身在对立面，参与者的想法又会如何？然后带领大家注意审视其中哪里可供借鉴和参考，再以此思考点作为问题引导的设计，对议题进行最大幅度的讨论。

技法三：便利贴法

适用情况

（1）带读步骤、引导讨论步骤。

（2）研读厚重但知识点较少的图书。

（3）阅读20章以上的图书，每章仅提供一个概念或知识点的图书。例如，《过你想过的生活》这本书的章很多，但每章的知识量很少，多为概念性内容，每章仅一个故事和概念。

实施条件

（1）白板纸：每组一张。

（2）A4 空白纸：每人一张。

（3）便利贴（三色各一张）：每人三张。

操作流程

步骤一：分组

领读人可以根据指定图书的章总数或知识点分布，将参与者分成几组。如果一本书有10章，参与者有40人，则参与者可以分成10组，每组4人。

步骤二：决定章内容

领读人分派各组选择章内容，或者利用抽签方式，让每组分配到分量均等的章内容。

步骤三：限时阅读

小组成员就分配的章内容，在限定时间内完整阅读一遍。

步骤四：每个参与者三张便利贴，目的是通过这本书的某个知识点，激发大家的创意

第一张：【描述知识重点】写下书中的概念性描述，并撷取重点。

第二张：【连接过往经历】写下连接经历后你的想法或故事。

第三张：【建议应用场景】写下运用到未来工作和

生活中的场景。

示例：

图书：《故事的魅力》

章节：第5部分"权力下放"

描述知识重点：事实+感性+行动=故事，希望团队共同打天下。

连接过往经历：在保险行业中，通过不同方式激励员工达到更好的成效，过往是用业绩的方式告诉员工预期目标，而现在通过创造双赢或权力下放的模式来达成目标。

建议应用场景：用感性包装促使我们行动。以前并非处理不了存在的问题，而是欠缺解决问题的方法，所以通过故事进行沟通是不错的方法。

步骤五：各组成员互相分享每个人所写的三张便利贴的内容，建立共识，将重要内容融合到一张便利贴上或选出最好的一张便利贴

步骤六：各组派代表进行报告，分享该组的结论

成效

便利贴法的优点在于减少阅读时间，快速掌握重点，并可将知识点进行转化应用。它的最大特色是，它不仅能解读图书中的观点和内容，还能与个人经历进行连接。

在实施过程中，每个人将知识重点分别写在了不同的便利贴上，提炼了各自的主观知识和客观知识。

领读人注意事项

便利贴法的实施重点在于便利贴的书写。

领读人在使用便利贴法时，必须先让每个参与者都清楚理解每张便利贴书写的主题有何不同。完成书写后，再引导参与者进行小组讨论，让每个人从讨论的环节中，分享彼此所注意到的重点，以及所阐述的知识点与个人经历有什么连接。

此种形式的带读，虽然能够节省阅读时间、快速掌握重点，但领读人必须对书中内容有足够的理解，要预先确认全书章节的重点，了解各章的知识点，并按照知识点做分组设计，让每组在共读时都可以准确萃取到他们需要的知识点。

技法四：动态辩论法

动态辩论法的核心就是从问题点出发做360度思考，找出各种可能的切入点，而非聚焦在某种正确性上。这种方法如同辩论一般，必须从对方的视角出发，才能看到其他各种可能的路径，拓宽个人的认知视野。

适用情况

（1）引导讨论步骤。

（2）内容或主题饱含争议，需要讨论。

实施条件

（1）O、X和"Cue me"手卡。

（2）白板纸。

（3）彩色笔。

操作流程

步骤一：找出这本书值得探讨的议题。

步骤二：领读人拟定具有争议性的议题，如学习是否比思考更重要。

步骤三：辩论之前，将座椅围成圈。

步骤四：开场时，先向参与者说明"真理越辩越明"。

步骤五：将O、X和"Cue me"手卡分发给参与者。

步骤六：说明辩论规则。领读人先抛出问题，参与者对每个问题都要明确表态，以O表示赞同论点，以X表示不赞同论点。如果有想法，就可以举起"Cue me"的手卡，表示需要发言说明。

步骤七：领读人从举O和X手卡的人中，选择一个人陈述看法，并提醒在场参与者尊重不同意见的重要性。

步骤八：每个问题重复正反辩论。

成效

通过充分讨论赞同与反对的理由，可以促进参与者对主题产生共识与结论。

领读人注意事项

领读人在使用所有方法时最重要的都是事先准备。

既然是辩论，设定的议题就必须有足够的吸引力，让参与者愿意加入辩论。辩论的议题不能过于简单，必须具有值得争辩和思考的立场与空间。

领读人准备动态辩论法需要以下三个阶段。

第一，知识转化

（1）理解书中所讲述的知识点或概念。

（2）把知识点转化成问题。

（3）理解所需要具备的基础知识，以及最后所组成的概念。

第二，设计变化性

为了使领读人设定的问题复杂、具有深度，每个拟定的问题都需要通过三种层面加以检视和确认。

【换位思考】思考问题在正向与反向两种状态下的变化。

【多场景化】思考问题在不同场景下的解决可能性。

【阶段差异】思考问题在不同时间点下的适合度。

示例：

【换位思考】思考持续学习在多年后最大的差异是什么。

【多场景化】思考如何创造在一线城市与偏远城市的学习差异性。

【阶段差异】思考在不同人生阶段的学习方案。

第三，说明原则

因为动态辩论法的重点在于辩论，所以只有参与者达成认知共识，才会在接下来的分享中主动分享自己的想法，否则整体讨论如果偏向某一方，就无法真正唤起每个人的智慧与经验。

领读人在辩论过程中，要适时提醒参与者，分享没有对错，仅仅是立场不同而已。对每位分享者都应给予适当鼓励与肯定的回应，以便营造出良性思辨的氛围。

技法五：小S引导术

对于领读人来说，参与社群读书会的人主要有两类：一类是我们熟悉、认识的人，另一类是我们不熟悉的陌生人。如果一场社群读书会中，所有人都是我不熟悉的新成员，那么通过小S引导术，很容易激发每个人想要解决问题的动力。

适用情况

（1）引导讨论步骤。

（2）引导陌生的参与者，快速融入参与讨论。

实施条件

（1）白板纸。

（2）彩色笔。

操作流程

步骤一：共读的+1技术

领读人先带领参与者进行一三一法或便利贴法的带读，完成阅读后询问："读完本章，你们有什么想法或与其他人一起讨论的问题？"通过这个想法或问题，让参与者回想自己读完这本书后，觉得生活或工作中有哪些地方需要做出行为转变。

步骤二：共识下的议题思考

承接上一步骤的想法或问题，让每个小组成员从想要讨论的问题中选出三个代表性问题。

步骤三：票选讨论的问题

（1）各组选好问题后，领读人在白板上写下问题，让所有人票选，确认哪些问题是大家最有共鸣的或感触最深的。

（2）将票选出来的问题，保留至共创阶段的共同创作步骤中使用。

在百度新任总监的课程中，领读人带领大家阅读《上任第一年》。参与者分为六组，每组讨论出一个目前在带领团队中最主要的管理问题，然后从六组中票选最想讨论的两个问题，奇数组讨论第一题，偶数组讨论第二题，讨论后与全班分享。

成效

小S引导术可借由从书中萃取出来的知识，对其沉淀反思后，以参与者生活中最常遇到的问题形式反映出来，通过众人智慧对知识进行交互和共创，让问题的解决思路更全面地呈现出来。

领读人注意事项

领读人在进行小S引导术时，经常会碰到参与者无法结合书中知识与生活经验，以及所抛出的问题偏题或与主题不符的状况。领读人可以通过下列观点，协助参与者重新思考：

（1）从大趋势来看或从行业发展趋势来看，找出与知识相对应的问题。

（2）回归个人生活，找出生活与工作中的问题。

技法六：子弹思考法

适用情况

（1）引导讨论步骤。

（2）引出生活或工作中议题的工具书。

实施条件

（1）白海报。

（2）彩色笔。

操作流程

步骤一：预先准备。

（1）领读人节选书中的方法论或知识点。

（2）通过与个人工作或生活的目标、问题连接，由领读人发展成议题。

（3）根据参与者人数平均分组。

步骤二：引导参与者去分解此议题可能实际发生的小问题。例如，阅读《创新者的基因》时，引导参与者思考并列举企业在推动创新文化时面临的三个最主要的挑战。

步骤三：拆解成小问题后，拟定对策及解决办法。例如，阅读《创新者的基因》时，请针对个别挑战提出可行的解决方案。

成效

在每个议题背后，都存在必须解决的需求点。不同的人因为所知和所经历的不同，即使面对同样的议题，也能够产出不同的解决方案。

子弹思考法的优点在于能够突破个人既有认知框架，进行跨界共创。

领读人注意事项

议题有成百上千种。领读人必须先思考：这场社群读书会究竟需要什么样的议题？

另外，议题设计应以书中知识为基础。领读人必须让每位参与者都知道议题与本书知识之间存在什么样的连接，并引导参与者去思考，有没有其他图书能够作为学习延伸和辅助。

设计好议题后，领读人必须向参与者说明如何进行议题拆解分析。

通常议题有两大类型：

（1）经验型议题。依据过去经验所总结出来的问题。

（2）未来型议题。想要解决，但还没有开始解决的问题。

不同类型的议题有不同的拆解方式。未来型议题的拆解需要区分现状与未来两个阶段。针对两个阶段之间的差距，领读人可以设计阶段性目标。

示例议题：精力管理—情感维度

在日常工作中，最常遇见的负面情绪有哪些?

子弹思考法的实施重点在于跨组解决。活动过程中，各组设定自己的议题，除了由各组自行回答，也可以转交下一组来提出解决方案。通过不同组别的群体智慧，思考他组问题，并提出解决方案，除了可以让参与者跳出原有的思考框架，看到不同人对于同一个议题的解决思路，更能让参与者发现，原来除自己的最佳解答外，还有其他截然不同的解决方案。

技法七：心智图法

心智图法是通过问题汇集参与者的经验智慧，扩展原有单向思考的解法，以全局观点来找出对应的解法。

适用情况

（1）引导讨论步骤、共同创作步骤。

（2）需要快速得到不同想法的讨论。

实施条件

（1）白板纸。

（2）彩色笔（5 种颜色）。

（3）便利贴。

操作流程

步骤一：领读人提问

准备大张的白板纸，并将其贴在墙上。由领读人提出第一个问题，并写在白板纸中间。

步骤二：参与者拓展思考

（1）从主题出发，讨论出3~5个相关联的问题，作为思考的主干。例如，阅读《当责：从停止抱怨开始》时，可以思考个人在工作中有哪些需要当责的情景。

（2）由每个主干出发，思考3~5个可能实践的行动方案。例如，阅读《当责：从停止抱怨开始》时，再深入思考个人场景中可以体现的当责行为。

步骤三：勾选可行方案

联想到最后，最少能够获得2~9个可行方案。大家一起决定出最可行的3个行动方案，付诸实践后待下次检视。例如，阅读《当责：从停止抱怨开始》后，选出目前立即可执行的3个当责行为，由领读人确认每张便利贴上的想法。

成效

心智图法的优点是可以帮助参与者从书中找到关键问题，并展开全面思考。参与者不只单纯萃取书中的知识，还通过知识延伸思考。

领读人注意事项

使用心智图法有两种方式，领读人可以根据需求和具体情况做出选择。

（1）先完成心智图，再导入书中知识。有助于参与者先整理思路，再将书中知识连接到已联想出的心智图上。

（2）先理解书中知识，再完成心智图。有助于全面解构书中的精华，以视觉化的方式呈现思考过程。

技法八：曼陀罗法

适用情况

（1）引导讨论步骤、共同创作步骤。

（2）需要快速达成共识、快速掌握任务重点或快速找到答案的讨论。

实施条件

（1）大张白板纸，画上九宫格。

（2）彩色笔（5种颜色）。

操作流程

步骤一：参与者提出问题

（1）将参与者分组。

（2）给每组发一张已经画好九宫格的白板纸。

（3）通过引导讨论一步，拟定值得讨论的知识点，并在九宫格中填上讨论的议题。例如，阅读《创新者的基因》时，拟定"建立创新组织的挑战"为议题，参与者提出种种问题（见表4-1）。

表 4-1　参与者提出的问题

如何问出破坏性问题，以及提出"是什么"问题？ • "原因是什么？" • "为什么？" • "为什么不" • "如果……会怎么样？"	如何寻找以发现为动力的创新人才？ • 发现技能 • 精深专长 • 有所作为的热情	对于创新行为和个人应该如何激励？ • 设立参与奖、成效奖 • 给予升级奖励
如何激发创新思维？ • 甄选出有价值的创新想法 • 内部的沟通、外部的沟通	**建立创新组织的挑战**	如何提高团队沟通能力？ • 五个窍门 • 培养提问、观察、沟通、实验的能力
如何做好创新实验？ • 有相关的设备 • 有实验设计 • 结果必须即时修正	如何观察？ 亲临参与体验，做第一手的记录	如何创建团队？ • 放权得当，灵活机动 • 正确的分工和技能组合

依顺时针顺序，小组成员在其余8个空格中逐一写下从主题延伸出的问题。

（4）如果人数不足8人，无法填满空格，可以空着，但每个人都必须填写问题。

步骤二：反转顺序，交替思考

（1）小组成员填写完成后，由组长主持，请填写者逐一说明想法。

（2）以顺时针转动表格，每个参与者将对应到不属于自己的问题上。

（3）小组成员针对对应到的问题，提出自己的思考和答案，并说明想法。

成效

当需要快速达成共识，并且创造出可实践的方法时，可以使用曼陀罗法。曼陀罗法的优点在于，对于参与者所提出的问题，可以通过其他人的智慧去思考解决方案，跳出原有的解决路径，从局外人的视角来看待全局，找出真正的症结点或其他关联性。

领读人注意事项

领读人在实施曼陀罗法时，应该提醒参与者注意两点。

转换性问题的解答

针对问题的解答做认知上的转换。转换大致可以分为三个类型。

- 认知解法：概念想法上的转换。

- 工具应用：通过实践表格或工具来思考。

- 系统转移：环境或时间上的调整。

增加案例辅助说明

参与者除了解答问题，还必须辅以实际案例，解释解答的可行性与产生结果，或者可能遭遇的不确定因素。

技法九：世界咖啡

适用情况

（1）引导讨论步骤、共同创作步骤。

（2）当对主题必须进行广泛、深入的意见交流与探讨时。

（3）参与者异质性高，又需要达成共识。

实施条件

（1）白板纸。

（2）彩色笔。

操作流程

步骤一：分组与准备

（1）根据具体情况分组，为每组准备一张桌子。

（2）为每张桌准备彩色笔和白板纸，请参与者自由入座，同桌者即小组成员。

（3）选定桌长。

步骤二：生成议题

（1）桌长引导同桌成员进行本组最值得探讨的议题的讨论，时间为10分钟，小组成员必须在时限内完成讨论。

（2）由桌长负责将讨论成果向全体参与者进行呈现。

步骤三：分组讨论

（1）除桌长外，参与者可自行选择与自身相关的组别参与讨论。

（2）由桌长带领新的小组成员，对新的议题进行讨论。

（3）小组成员利用彩色笔将谈话重点记录在白板纸上。

步骤四：呈现成果

由桌长将成果呈现于所有参与者。

示例：

步骤一：分组准备与选定桌长。

步骤二：讨论问题-找出书中最能实践的三个阅读方法，组长发表。

步骤三：针对你感兴趣的读书会，讨论可以实践的场景与方式。

步骤四：由桌长分享讨论成果。

成效

世界咖啡是一种让参与者深度交流的方法，通过反复的讨论、连接、重新组合等过程，参与者之间不断沟通、思考，所有参与者都能够接触到全新的观点，或者在思想激荡下产生深刻意见，达成共识。

领读人注意事项

在讨论过程中，领读人要注意每组成员的数量是否均衡，是否有某一组的人数太多或太少，是否有参与者重复讨论与其他组相同主题等情况，以便让所有参与者都能有全面的思想碰撞。

为了便于大家掌握和记忆，我们将以上九大技法总结在表4-2中。

表 4-2　九大技法

阶段	技法	适用情况	适合带读步骤	适合引导讨论步骤	适合共同创作步骤
共读	一三一法	新知多，知识点多	√	√	
	议题精读法	旧知多，知识点多	√	√	
	便利贴法	新知少，知识点少	√	√	
分享	动态辩论法	应用导向		√	
	小S引导术	问题导向		√	
	子弹思考法	认知导向		√	
共创	心智图法	对策导向		√	√
	曼陀罗法	异质导向		√	√
	世界咖啡	创意导向		√	√

本章小结

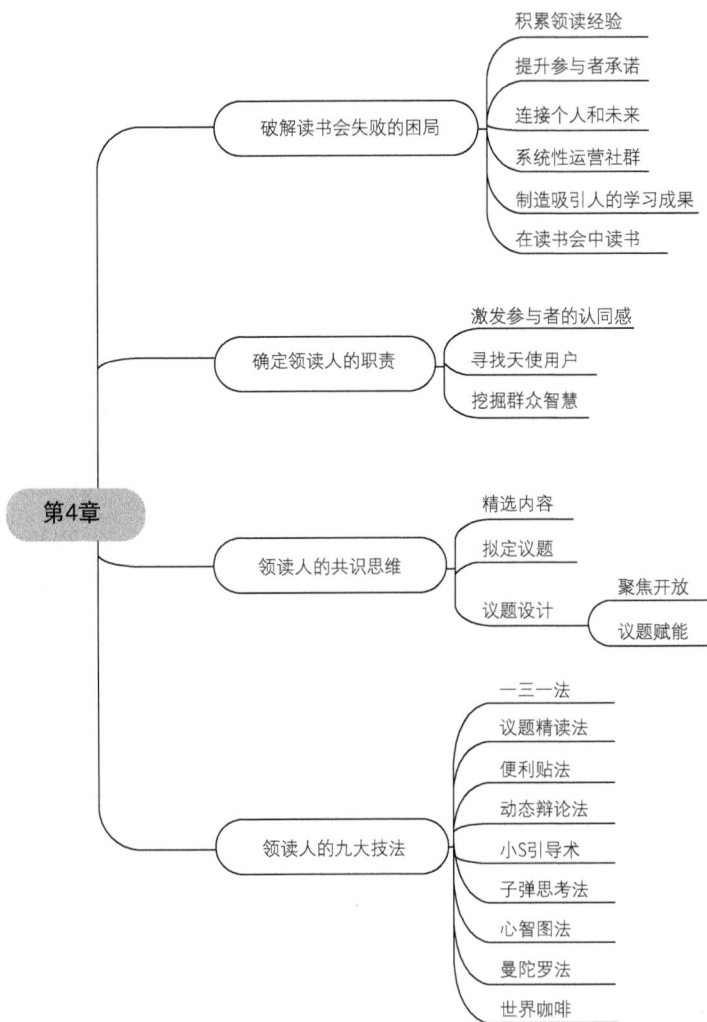

第4章

破解读书会失败的困局
- 积累领读经验
- 提升参与者承诺
- 连接个人和未来
- 系统性运营社群
- 制造吸引人的学习成果
- 在读书会中读书

确定领读人的职责
- 激发参与者的认同感
- 寻找天使用户
- 挖掘群众智慧

领读人的共识思维
- 精选内容
- 拟定议题
- 议题设计
  - 聚焦开放
  - 议题赋能

领读人的九大技法
- 一三一法
- 议题精读法
- 便利贴法
- 动态辩论法
- 小S引导术
- 子弹思考法
- 心智图法
- 曼陀罗法
- 世界咖啡

第 5 章

企业读书会

学习型组织的建立是影响企业持续增长的关键。在当前信息爆炸技术迅猛发展的环境下，如果企业吸收新知的能力不足，或总想用同一套方式去解决当前遭遇的难题，就会像爱因斯坦所说的："企图用同一种方式，期望获得不同的结果，这人不是疯子就是傻子。"企业很快就会被整个时代所淘汰。

所以，企业领导者及人力资源管理部门想要企业跟上时代的发展，基业长青，就必须在组织内营造出学习的氛围，甚至学习的文化。

而社群读书会因为具有很强的多变性与适用性，有如变形金刚一般，可以针对企业的各种需要，因时因地因人调整，而且能普及到每位参与者，是企业寻求精进变革的最好的学习方式。

01　常见的两种学习型组织

📖 自上而下的学习型组织

在企业中，这种自上而下的学习型组织最为常见，通常由企业管理层或老板发起，邀请或规定员工参与学习，往往带有一定程度的强制性。

然而仔细观察就会发现，虽然企业读书会的出席率很高，但个人学习意愿相对较低。因为参与者都是受制于企业管理者而来的，经常怨声载道："要不是领导逼我参加，我才不来呢。"于是，在企业读书会上经常可以看到这样的场景：台上口沫横飞，台下坐满了人，但每个人都无精打采，要么玩手机，要么打瞌睡，要么做自己的事情。

人一旦产生"这与我无关"的心态，就难以激发学习的动力。所以，在自上而下的学习型组织建立过程中，唤起员工的学习意愿，打造适合的学习环境，是成败的关键。

对于自上而下的学习型组织而言，提升员工的学习意愿有三种方式，如图5-1所示。

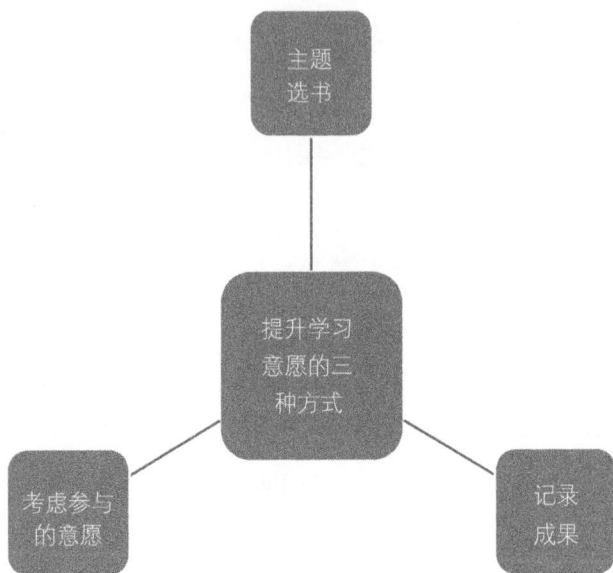

图 5-1　提升学习意愿的三种方式

（1）主题选书：结合参与者的需求，设计学习主题。

（2）记录成果：通过成果展现，激发参与者的内在需求。

（3）考虑参与的意愿：参与者是否有强烈的学习意愿，根源在于他的需求点是否被注意到。

所以，在运作企业读书会时，更要强调图书知识与个人需求的连接。在设计上，尽量让参与者体会到，加入企业读书会不是为了服从企业领导的命令，而是为了个人的提升和更好的成长。

📖 自下而上的学习型组织

与自上而下的学习型组织相反，自下而上的学习型组织是企业内部员工自发组织的学习团队，其学习意愿更加强烈，但这并不表示此类组织能够长期运营。主要问题在于，自发组成的团队缺乏对成员的强制约束力。参与者起初兴致勃勃，但经常随着时间的消磨而不了了之。通常，观察参与者的出席率就能辨别出自下而上的学习型组织的生命周期，刚开始参与者几乎场场都到，但渐渐地，请假的人越来越多，最终导致读书会停办，学习活动停止。

所以对自下而上的学习型组织来说，只有提高学习的有效性（把学习成果转化为工作成果），才能吸引参与者一直保持高度的学习兴趣。

自下而上的学习型组织在设计学习内容时，要掌握三个要点（见图5-2）：

（1）设计个人与组织的双重交集；

（2）维持成员间的连接；

（3）呈现与传播学习成果。

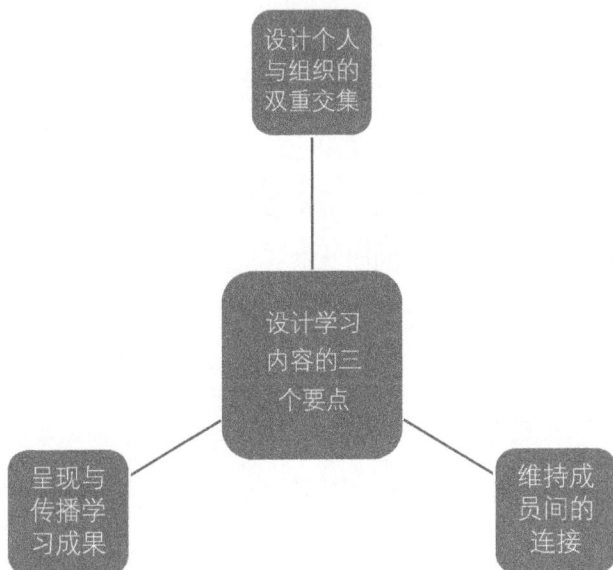

图 5-2　设计学习内容的三个要点

这三个要点的意义都在于实践，期望学习活动能够让个人的生活和工作产生实质性的改变。

02　常见的四种企业读书会

根据常见的两种学习型组织形态，可以发现学习意愿的高低与参与者数量的多少严重影响了学习型组织的表现。

因此根据以上两个方面，用四象限来表示常见的四种企业读书会。

如果把学习意愿当成 x 轴，参与者数量当成 y 轴，那么组成的四个象限如下：

- 社群读书会。学习意愿高，参与者数量多。

- 议题聊书会。学习意愿低，参与者数量多。

- 读享会。学习意愿低，参与者数量少。

- 主题拼书会。学习意愿高，参与者数量少。

接下来解析这四种企业读书会的特色、适用场景和操作流程，同时辅以实际案例说明，以便让每个领导者、管理者或活动策划者在运营读书会时，能够更加精准地提升成效。

📖 社群读书会

当参与者拥有高度的学习意愿，并且有许多人想要加入读书会时，就符合社群读书会的初步条件。社群读书会意在打破传统单向的知识传达，结合每位参与者个人的知识、经历进行双向交流。

因为参与者本身就拥有一定程度的学习动机，所以领读人要做的就是让这些参与者强化或保持兴趣，持续学习。这种读书会的特点在于双向交流，不只是一个人的主动学习，而是一群人的双向交流，是跨领域的智慧萃取。

适用场景

研读满足组织需求的图书

通常组织内部设定的学习活动，会依据企业战略发展、外部环境变化、社会认知、个人工作等需求，选定相关图书，让参与者在学习时，着重强化团队工作发展和需求。

书中内容知识点新且多

因为团队读书的重点在于萃取群众的隐性知识，即集合每个人所拥有的潜在知识点，所以如果选取偏向知识点多的图书，就可以通过群体智慧并结合书中的知识点，将学习成果转化应用到实际工作中。

操作流程

社群读书会的操作流程如图5-3所示。

分章	• 参与人数 • 图书章节
分组	• 知识背景和需求 • 应用方向
设定议题	• 找出知识点 • 确定讨论方向
设定讨论方法	• 九大技法
设定创造方法与工具	• 曼陀罗法 • 心智图法 • 世界咖啡

图 5-3 社群读书会的操作流程

步骤一：分章

在进行社群读书会之前，先针对指定学习的图书做系统性拆分，根据书中的章节进行思考，分析每章包含的知识点，以及作者引出这些知识点的方法，是通过概念描述，还是以故事来呈现。

步骤二：分组

分章后，领读人必须确认参与者如何分组，才能符合学习的需求。事前考虑每个人的知识背景和需求，最后判断这些知识可以朝哪些方面并思考其应用价值。

步骤三：设定议题

完成分章和分组后，领读人要设定引导的方向。领读人必须考虑通过这本书，希望将哪些议题引导到工作中，并将这些想法形成清晰的脉络。

例如，我们读的是一本探讨个人成功学的书，书中针对如何迈向成功，将知识分为个人层面和群体层面，那么作为领读人，如果你要把这个议题聚焦在个人身上，就应该从"个人如何做才能成功"的方向来拟定议题。

步骤四：设定讨论方法

设计好议题后，领读人考虑如何通过讨论方法达成效果。领读人可以借鉴第4章的九大技法进行实际操作。

我们使用这些技法，主要是希望利用每个人的潜在知识，并结合众人经验，进行知识创新。

步骤五：设定创造方法与工具

提炼出书中的知识精华后，就要在工作中进行运用。领读人可以通过九大技法中的曼陀罗法、心智图法、世界咖啡等方法，把讨论后的结果聚焦到实践层面。

实际案例

为了鼓励团队持续进步，我曾经研究过联想集团的发展模式和思维特点。联想集团创办人柳传志为了让团队保持持续向上的动力，在企业内部推行复盘。所谓复盘，是围棋高手为求棋艺提升，在下完一盘棋后重新摆盘，检讨棋盘面上的每个动作，来审视自己的每步决定，哪里做得好，哪里做得不好，并确认战略与执行上的优劣，以此作为后续调整和发展的依据。

我因为认可这种做法，所以带领公司员工在年度会议中，用半天的时间一起阅读《复盘》这本书。

我是如何带领大家共读这本书的呢？

我先通过社群读书引导术，协助大家完全了解《复盘》的内容，再让每个部门、每位员工结合该书的内容，为自己做整年工作的复盘，找出哪些地方可以进行调整，进而促进个人、部门甚至公司目标的调整。

这种学习方法，与一般企业常见的培训不同，不是让参与者以有压力的方式进行学习，而是以轻松的氛围体验学习。

大家了解《复盘》的关键知识点后，再用简单、轻巧的方式导入公司运营，为公司文化增加复盘的理念。在整个过程中不用劳师动众，就能够快速融入。

📖 议题聊书会

如果企业想要强制举办读书会，那么最常碰到的问题是，参与者的意愿不佳。突然强加而来的学习活动，等于增加了参与者的负担，导致参与者虽然勉强参加，但学习意愿很低。

想要解决这种意愿很低，但参与者数量很多的问题，可以先从思考"学习投资"这个概念开始，让参与者理解学习不仅为了企业、团队，更与个人的未来发展密切相关。当学习不只是为了学习，而是连接了未来与成长时，学习意愿就不由企业来负责，而由个人来负责了。

要建立自己负责的学习意识，就必须从参与感来设计学习形式，最有效的做法就是举办议题聊书会。

所谓议题聊书会，就是指通过聊天的方式，让参与者不以培训为出发点，而以个人经验智慧为主导，分享个人观点。每个人如同一本书，都有我们未曾经历的故事和收获。通过这种学习方式，参与者不但能意识到学习的自主性，还能体会到学习成果是来自人与人交流后的感悟。

议题聊书会的特色有以下三点。

（1）提高学习氛围。学习意愿的提升来自两个层面：一是参与感；二是成就感。因为学习成果由每位参与者分享，所以让参与者意识到每次成果的展现来自参与者对于学习过程的投入，让成果与投入连接在一起，以实践为导向，激发参与者的学习动机。

（2）建立组织的共识。举办读书会时，最怕学习者与策划者之间存在认知差距。策划者往往认为，只要提供学习环境，大家就能够自主学习，实际情况却往往相反，即使有学习环境，也难以让人们持续学习。所以议题聊书会的主要目的就是通过分享观点建立学习共识，进一步推动每个人都是学习典范的目标。

（3）导入新知识。除了快速学习新知识，还可以通过议题与聊天的结合，来促进参与者对新知识的理解。议题聊书会更强调个人经验的分享，以及新知识的应用，从而形成一种双向连接的效益。

适用场景

希望提高企业的学习氛围

当想要创建企业的学习文化时，通过单点、小范围的示范就会达到很好的效果。议题聊书会的应用，就是结合书中知识点的学习，以聊天形式逐步整合和积累过往经验与书中知识，促使学习转变的成效。相对于课程培训，议题聊书会则较轻量。

希望通过图书来凝聚共识

每次以议题聊书会的形式来组织学习，就会形成一种既可以读书又可以实践的氛围。策划者在开始想要培养团队学习意愿时，可以用书来吸引参与者，主打轻量化学习，凝聚学习共识。

希望通过图书改变旧有认知

议题聊书会可以通过书中的知识改善行为，提升绩效，提高个人效率等。

操作流程

议题聊书会的操作流程如图5-4所示。

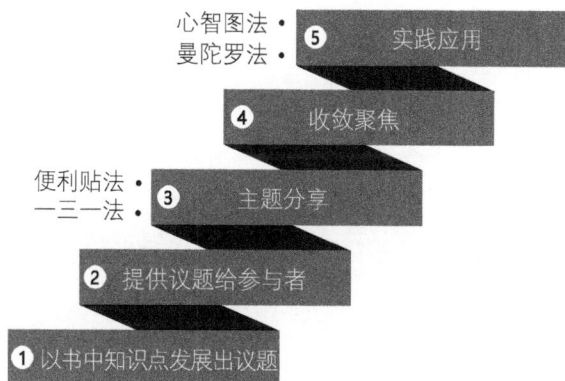

图 5-4 议题聊书会的操作流程

步骤一：以书中知识点发展出议题

读书会活动的发起人或领读人必须先读完书，找出书中的知识点，然后发展出议题。以《一分钟经理人》为例。该书的重要知识点有三个：目标设定、赞美技巧、斥责技术。在议题设定上，可以以此分为三个议题来逐一进行探讨，或者三者结合成"经理人必备的知识有哪些"这一大议题。

在思考议题时，还要考虑接下来可能的发展方向，如找出其他领域的知识点，有没有连接的机会，或者在原有知识点的基础上找出其他跨领域的议题加以连接。

步骤二：提供议题给参与者

设定完议题后，要先把议题提供给参与者。这样可以让参与者先思考即将讨论的议题，以及有哪些领域的知识可以结合。因为读书会是议题聊书会，所以领读人要提醒参与者，除了这个领域的图书或经验可以连接，还有没有跨领域的知识点是大家未曾想到的。

步骤三：主题分享

鼓励每位参与者通过自己所收集到的资料来分享，

或者陈述个人经验或故事。领读人可以学习第5章的九大技法，选择便利贴或一三一法为主要方法，配合其他方法，让参与者聚焦于议题并分享。

分享时，领读人必须先告知参与者，讨论没有所谓正确或错误，而是去思考每个观点背后的逻辑，思考其他人可以想到的原因。

步骤四：收敛聚焦

把刚才所听到的知识、故事或概念做归纳总结，思考哪些内容可以运用。在议题分享时，可以让每位参与者记下所听到的知识点，将其应用于个人实践。

步骤五：实践应用

带领读书会参与者思考哪些内容可以立即运用，并通过心智图法或曼陀罗法，进行实际的行为产出。在实践中，我们要对可操作的行为进行流程化、表单化或概念化等，连接个人经验来产生新的行为意识。

实际案例

我所主持的北京中关村大创读书会，主要成员为大学生和创业者，主要目的是替创业者做好心理建设，因此选择的图书都是与创业、成功学有关的。有一次，我们选读《你骨子里是个牛人》，该书介绍身为一位创业者，如何把控自己的思考观念与态度。

使用议题聊天会时，所选定图书的知识点未必很多，但这些知识点都非常重要。而我主要是通过这些知识点来调整大家的自我思考模式。在实际执行上，

（1）我先用说书的方式，让每位参与者都了解各章的知识点，再针对与书有关的知识点设计和讨论议题。

（2）为了让这场读书会的成效能够深入影响参与者，作为领读人，会前我会先构思好议题，在读书会召开的前三四天，将议题发给每位参与者，让他们能够在会前思考与议题相关的个人工作和生活经验，再反馈给领读人进行确认。

（3）至于说书过程，主要采用议题精读法，带领参与者解决彼此的问题。

读享会

通常，第一次举办读书会，因为缺乏口碑和号召力，参与者较少，而参与者基本上都是自己的亲朋好

友，碍于情面被邀请才来参加。即使这样，我们也要把握机会，做到最好的发挥。

读享会的特点在于，它可以依据图书议题激发参与者的学习动力。除了由活动发起人向参与者传播知识，还可以邀请其他人一起做图书的导读分享。

读享会的最大优势在于，它能够提高人们的学习认知能力和意愿，并且让其感受到学习后的获得感。

读享会的优势有如下几点：

（1）解决问题。提醒参与者，在生活或工作中时常出现的问题，却又不知道该如何解决。借由读享会的学习活动，可以帮助参与者一起解决，并让参与者养成遇到问题及时解决的能力。

（2）自我认同。有些学习意愿的激发来自参与者的内在渴望。也就是说，通过展现个人的学习过程，产生自我认同。

（3）理解知识。读书会的学习是从知道到做到的过程，目的在于了解一本书，或该领域的专业观点。这类学习往往在于求知，所以在价值引导上，需要强调以获取新知和解构书中知识脉络为主。

适用场景

通常，这种参与者少，学习意愿低，但又有具体学习要求的读书会，为强化学习意愿与动力，必须先分析参与者的学习需求。

需求理解：了解组织内部现在的需求点，是为了理解知识，还是为了追求自我认同，抑或是解决实际问题。针对不同的学习需求，进行学习文案的引导。

学习成效：如同上述提到的三个优势，必须在学习活动后看到学习成效，这不仅是学习成果的展现，更是长时间打造高效学习环境的结果。

当想要从零开始打造自己的读书会时，你可以通过读享会的形式来培养学习意愿。通过每次学习过程的积累，参与者能够逐步强化自己的学习意愿。

操作流程

想要带动读书会的学习氛围，必须先找出具有学习需求的人。这群人向往参加学习活动，会通过不同的学习社群展现出个人的学习意图。找出这些关键人物后，就可以通过读享会的形式，激发他们更加强烈的学习信念。读享会的操作流程如图5-5所示。

图 5-5　读享会的操作流程

步骤一：分章分组

在读书会前，票选出大家最想读的书。在读享会当天，事先分好书中的各章节，并分派给各小组。通过领读人的分享，萃取出每章的知识点，并提炼出应用方法。

步骤二：章节说明

各小组依照分配，进行讨论，分别填写一三一法学习单，归纳出该章节的一句话知识点，以及可以应用的层面。小组讨论完毕后，将结果交由领读人，向全体参与者进行分享。

步骤三：记录和分享

领读人分享完后，首先给各组一段时间沉淀思考，互相讨论刚才的重点。

接着发给各组三张便利贴，让他们分别在这三张便利贴上：描述知识重点，连接过往经历，建议应用场景。

各组都写好这三张便利贴后，分享这三张便利贴。此时的学习就不仅是吸取领读人分享的书中知识，还通过内容消化重组、自身经验，进行沉淀后的观点分享。

步骤四：共同创作

最后，每组提出一个大家可以探讨的议题，然后针对这些议题，大家讨论并票选出合适的议题，利用子弹思考法凝聚知识的应用，推动知识的创新，再到生活或工作中进行实践。

实际案例

我曾经引导过百度内部读书会，那次读书会的目标是让百度储备干部学习更多的管理知识。因此，在举办读书会时，主要是通过阅读相关领导力图书，积累知识，交流彼此的观点。

我采用了读享会的形式，结合个人分享，让参与者拥有了较为精准且有趣的学习体验。

（1）我先用说书的方式，将书中内容、知识点讲给大家听。

（2）参与者分组写下各组的一三一法学习单。

（3）通过便利贴法，重述知识内容，描述自己与该知识相关的经验，并延伸思考学习该知识后如何应用。

（4）各组分享交流，最后凝聚大家的共识。

读享会适合关键岗位的学习，让原本读书会的形式结合说书和经验分享，唤起个人知识和智慧的共创，以此提高他们的学习意愿。

📖 主题拼书会

当引导读书会时，难免会发生参与者学习意愿高与学习态度认真，但参与者数量不多的情况。如果此时还套用社群读书会的形式，进行知识萃取，就很容易因为同温层效应，导致彼此讨论的焦点停留在小范围的知识和认知内。

为了打破学习上的思维限制，引导每位参与者以新的视角来思考未来，建议以主题阅读的方式，即在同一主题下，进行跨界图书的阅读，再通过深入讨论整合出成果，这就是主题拼书会。

主题拼书会的目的是借由主题来整合吸收不同书中的精华，产生参与者在分享同一主题时，接收到不同书中知识点的情况。

前面我们曾提到过，在《如何阅读一本书》中阅读的四个层次分别是基础阅读、检视阅读、分析阅读、主题阅读。

第一层次"基础阅读"是读懂图书的基础能力。

第二层次"检视阅读"可以在书中画出重点。

第三层次"分析阅读"能够培养与作者对话的能力，从多种视角提出问题。

第四层次"主题阅读"是在同一主题下，由不同图书来支持主题的论点。

这四个层次结合到个人学习上，就是如何以主题阅读让每位参与者拥有更多学习的角度。即让每位参与者依据主题选读相关图书，在分享时，能够从不同角度梳理出主题下的脉络。

适用场景

主题拼书会最适合学霸团队。因为团队中的每位参与者除具有高度的学习热情外，他们还拥有非常强的学习能力及从书中萃取知识的能力，不仅能快速掌握书中的脉络，还能快速连接新旧知识。

在操作方法上，借由读书转化能力，可以提高参与者在短时间内，获取完整的结构知识与探讨可能的适用场景的能力。

主题拼书会是一种高强度学习的形态，能够有效帮助参与者在进入某个知识领域后，快速掌握这个领域的所有知识。所以，主题拼书会除了可以帮助学习者快速掌握该主题领域的知识脉络，还可以不断提升个人读完一本书后的知识萃取能力，即从该领域的表层描述，看到背后的深层原理，从而将书中的精华与主题相连接。

操作流程

主题拼书会的操作流程如图5-6所示。

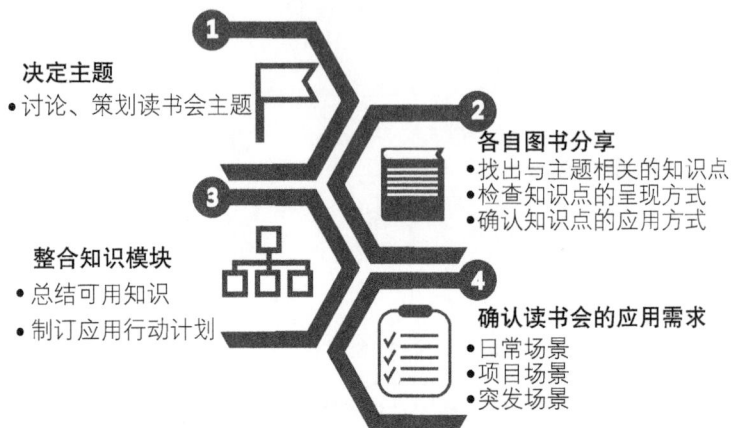

图 5-6　主题拼书会的操作流程

步骤一：决定主题

通常由领读人或读书会发起人来策划并选择主题，或者由领读人与参与者一起讨论，针对工作或生活中最常遇到的问题，通过图书来找出解决方案。这时所选择的主题就会更加聚焦实践，或者可以让参与者快速了解某领域、某议题。

步骤二：各自图书分享

各自选定图书前，也可以由读书会主办者来提供书单。所以要想寻找到合适、正确的图书，可以从经典图书或该领域出版的新书中进行选择。在会中分享时，为了让每位参与者都了解书中的结构框架、知识脉络和应用方式，可以依据以下三点来解构图书：

（1）找出与主题相关的知识点。

（2）检查知识点的呈现方式，包括故事、案例，或者概念性描述。

（3）确认知识点的应用方式，包括表格、流程等容易记忆的应用方式。

依据这三点，可以帮助每位参与者在分享时展现基础的解构能力，让参与者能够深入思考背后观点的逻辑。

步骤三：整合知识模块

当参与者分享时，领读人必须把已经分享的概念整理出来，让所有参与者记录下知识结构，比较大家分享的图书内容的同质性与异质性。所谓同质性，是指相同主题下，出现哪些相同的知识点、概念与流程模式。异质性是指故事、案例的描述或作者的独特观点。

通过这两种思考，萃取知识领域的核心内容，以及可能延伸到的领域，帮助参与者建立同一主题下的知识地图。

步骤四：确认读书会的应用需求

整个主题的知识梳理完毕后，就要思考以下三个层次的应用场景：

（1）日常场景。经常用到的知识点、概念、工具。

（2）项目场景。周期较长，一年使用一次或两三个月使用一次的知识点、概念、工具。

（3）突发场景。常常出现突发情况，事前准备思考解决方案的知识点、概念、工具。

实际案例

2017年10月，我所领读的大书读书会，以时间管理为主题，让每位参与者以《番茄工作法》《要事第一》《吃掉那只青蛙》《搞定》四本书为主题内容来学习。

首先，在读书会开始之前，我让每位参与者分别阅读书中内容，然后针对每本书，要求小组组长总结、组内讨论，整理出下列几个问题的答案：

（1）用一段话介绍内容主旨。

（2）找出书中的三个重点。

（3）找出两三个知识点应用。

（4）归纳出两三个值得讨论的议题。

以主题阅读形式全面探讨时间管理这个议题，不仅让个人与图书相连接，还让参与者通过主题，共同检视图书内容。

各组讨论并整理汇总后，每个小组再进行分享，然后延伸出各自的议题，从中选出参与者最感兴趣的议题，以此进一步做知识与经验的交流，让议题变成未来实践行为的依据。

本章小结

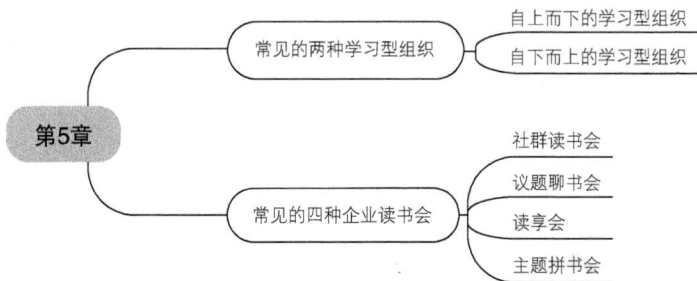